I0177312

NORWEGISCH

WORTSCHATZ

DEUTSCH
NORWEGISCH

Die nützlichsten Wörter
Zur Erweiterung Ihres Wortschatzes und
Verbesserung der Sprachfertigkeit

3000 Wörter

Wortschatz Deutsch-Norwegisch für das Selbststudium - 3000 Wörter

Von Andrey Taranov

T&P Books Vokabelbücher sind dafür vorgesehen, beim Lernen einer Fremdsprache zu helfen, Wörter zu memorieren und zu wiederholen. Das Wörterbuch ist nach Themen aufgeteilt und deckt alle wichtigen Bereiche des täglichen Lebens, Berufs, Wissenschaft, Kultur etc. ab.

Durch das Benutzen der themenbezogenen T&P Books ergeben sich folgende Vorteile für den Lernprozess:

- Sachgemäß geordnete Informationen bestimmen den späteren Erfolg auf den darauffolgenden Stufen der Memorisierung
- Die Verfügbarkeit von Wörtern, die sich aus der gleichen Wurzel ableiten lassen, erlaubt die Memorisierung von Worteinheiten (mehr als bei einzeln stehenden Wörtern)
- Kleine Worteinheiten unterstützen den Aufbauprozess von assoziativen Verbindungen für die Festigung des Wortschatzes
- Die Kenntnis der Sprache kann aufgrund der Anzahl der gelernten Wörter eingeschätzt werden

T&P Books Publishing
www.tpbooks.com

Dieses Buch ist auch im E-Book Format erhältlich.
Besuchen Sie uns auch auf www.tpbooks.com oder auf einer der bedeutenden Buchhandlungen online.

WORTSCHATZ DEUTSCH-NORWEGISCH
für das Selbststudium

Die Vokabelbücher von T&P Books sind dafür vorgesehen, Ihnen beim Lernen einer Fremdsprache zu helfen, Wörter zu memorieren und zu wiederholen. Der Wortschatz enthält über 3000 häufig gebrauchte, thematisch geordnete Wörter.

- Der Wortschatz enthält die am häufigsten benutzten Wörter
- Eignet sich als Ergänzung zu jedem Sprachkurs
- Erfüllt die Bedürfnisse von Anfängern und fortgeschrittenen Lernenden von Fremdsprachen
- Praktisch für den täglichen Gebrauch, zur Wiederholung und um sich selbst zu testen
- Ermöglicht es, Ihren Wortschatz einzuschätzen

Besondere Merkmale des Wortschatzes:

- Wörter sind entsprechend ihrer Bedeutung und nicht alphabetisch organisiert
- Wörter werden in drei Spalten präsentiert, um das Wiederholen und den Selbstüberprüfungsprozess zu erleichtern
- Wortgruppen werden in kleinere Einheiten aufgespalten, um den Lernprozess zu fördern
- Der Wortschatz bietet eine praktische und einfache Lautschrift jedes Wortes der Fremdsprache

Der Wortschatz hat 101 Themen, einschließlich:

Grundbegriffe, Zahlen, Farben, Monate, Jahreszeiten, Maßeinheiten, Kleidung und Accessoires, Essen und Ernährung, Restaurant, Familienangehörige, Verwandte, Charaktereigenschaften, Empfindungen, Gefühle, Krankheiten, Großstadt, Kleinstadt, Sehenswürdigkeiten, Einkaufen, Geld, Haus, Zuhause, Büro, Import & Export, Marketing, Arbeitssuche, Sport, Ausbildung, Computer, Internet, Werkzeug, Natur, Länder, Nationalitäten und vieles mehr...

INHALT

LEITFADEN FÜR DIE AUSSPRACHE

Buchstabe	Norwegisch Beispiel	T&P phonetisches Alphabet	Deutsch Beispiel
Aa	plass	[ɑ], [ɑ:]	da, das
Bb	bøtte, albue	[b]	Brille
Cc [1]	centimeter	[s]	sein
Cc [2]	Canada	[k]	Kalender
Dd	radius	[d]	Detektiv
Ee	rett	[e:]	Wildleder
Ee [3]	begå	[ɛ]	essen
Ff	fattig	[f]	fünf
Gg [4]	golf	[g]	gelb
Gg [5]	gyllen	[j]	Jacke
Gg [6]	regnbue	[ŋ]	Känguru
Hh	hektar	[ɦ]	Hypnose
Ii	kilometer	[ı], [i]	ihr, finden
Kk	konge	[k]	Kalender
Kk [7]	kirke	[ɦ]	Hypnose
Jj	fjerde	[j]	Jacke
kj	bikkje	[ɦ]	Hypnose
Ll	halvår	[l]	Juli
Mm	middag	[m]	Mitte
Nn	november	[n]	nicht
ng	id_langt	[ŋ]	Känguru
Oo [8]	honning	[ɔ]	dort
Oo [9]	fot, krone	[u]	kurz
Pp	plomme	[p]	Polizei
Qq	sequoia	[k]	Kalender
Rr	sverge	[r]	richtig
Ss	appelsin	[s]	sein
sk [10]	skikk, skyte	[ʃ]	Chance
Tt	stør, torsk	[t]	still
Uu	brudd	[y]	über, dünn
Vv	kraftverk	[v]	November
Ww	webside	[v]	November
Xx	mexicaner	[ks]	Expedition
Yy	nytte	[ı], [i]	ihr, finden
Zz [11]	New Zealand	[s]	Hast, Zahl
Ææ	vær, stær	[æ]	ärgern
Øø	ørn, gjø	[ø]	können
Åå	gås, værhår	[o:]	groß

Anmerkungen

[1] vor **e, i**
[2] anderswo
[3] unbetont
[4] vor **a, o, u, å**
[5] vor **i** und **y**
[6] bei Kombination **gn**
[7] vor **i** und **y**
[8] vor doppelten Konsonanten
[9] vor einfachem Konsonanten
[10] vor **i** und **y**
[11] nur bei Fremdwörtern

ABKÜRZUNGEN
die im Vokabular verwendet werden

Deutsch. Abkürzungen

Adj	-	Adjektiv
Adv	-	Adverb
Amtsspr.	-	Amtssprache
f	-	Femininum
f, n	-	Femininum, Neutrum
Fem.	-	Femininum
m	-	Maskulinum
m, f	-	Maskulinum, Femininum
m, n	-	Maskulinum, Neutrum
Mask.	-	Maskulinum
n	-	Neutrum
pl	-	Plural
Sg.	-	Singular
ugs.	-	umgangssprachlich
unzähl.	-	unzählbar
usw.	-	und so weiter
v mod	-	Modalverb
vi	-	intransitives Verb
vi, vt	-	intransitives, transitives Verb
vt	-	transitives Verb
zähl.	-	zählbar
z.B.	-	zum Beispiel

Norwegisch. Abkürzungen

f	-	Femininum
f pl	-	Femininum plural
m	-	Maskulinum
m pl	-	Maskulinum plural
m/f	-	Maskulinum, Femininum
m/f pl	-	Maskulinum/Femininum plural
m/f/n	-	Maskulinum/Femininum/Neutrum
m/n	-	Maskulinum, Neutrum
n	-	Neutrum
n pl	-	Neutrum plural
pl	-	Plural

GRUNDBEGRIFFE

1. Pronomen

ich	**jeg**	['jæj]
du	**du**	[dʉ]
er	**han**	['hɑn]
sie	**hun**	['hʉn]
es	**det, den**	['de], ['den]
wir	**vi**	['vi]
ihr	**dere**	['derə]
sie	**de**	['de]

2. Grüße. Begrüßungen

Hallo! (ugs.)	**Hei!**	['hæj]
Hallo! (Amtsspr.)	**Hallo! God dag!**	[hɑ'lʉ], [gʉ 'dɑ]
Guten Morgen!	**God morn!**	[gʉ 'mɔːn]
Guten Tag!	**God dag!**	[gʉ'dɑ]
Guten Abend!	**God kveld!**	[gʉ 'kvɛl]
grüßen (vi, vt)	**å hilse**	[ɔ 'hilsə]
Hallo! (ugs.)	**Hei!**	['hæj]
Gruß (m)	**hilsen** (m)	['hilsən]
begrüßen (vt)	**å hilse**	[ɔ 'hilsə]
Wie geht es Ihnen?	**Hvordan står det til?**	['vʉːdɑn stoːr de til]
Wie geht's dir?	**Hvordan går det?**	['vʉːdɑn gor de]
Was gibt es Neues?	**Hva nytt?**	[va 'nʏt]
Auf Wiedersehen!	**Ha det bra!**	[hɑ de 'brɑ]
Wiedersehen! Tschüs!	**Ha det!**	[hɑ 'de]
Bis bald!	**Vi ses!**	[vi sɛs]
Lebe wohl! Leben Sie wohl!	**Farvel!**	[far'vɛl]
sich verabschieden	**å si farvel**	[ɔ 'si far'vɛl]
Tschüs!	**Ha det!**	[hɑ 'de]
Danke!	**Takk!**	['tɑk]
Dankeschön!	**Tusen takk!**	['tʉsən tɑk]
Bitte (Antwort)	**Bare hyggelig**	['bɑrə 'hʏgeli]
Keine Ursache.	**Ikke noe å takke for!**	['ikə 'nʉe ɔ 'tɑkə fɔr]
Nichts zu danken.	**Ingen årsak!**	['iŋən 'oːʂɑk]
Entschuldige!	**Unnskyld, ...**	['ʉnˌʂyl ...]
Entschuldigung!	**Unnskyld meg, ...**	['ʉnˌʂyl me ...]
entschuldigen (vt)	**å unnskylde**	[ɔ 'ʉnˌʂylə]
sich entschuldigen	**å unnskylde seg**	[ɔ 'ʉnˌʂylə sæj]

Verzeihung!	**Jeg ber om unnskyldning**	[jæj ber ɔm 'ʉnˌsyldniŋ]
Es tut mir leid!	**Unnskyld!**	['ʉnˌsyl]
verzeihen (vt)	**å tilgi**	[ɔ 'tilˌji]
Das macht nichts!	**Ikke noe problem**	['ikə 'nʉe prʉ'blem]
bitte (Die Rechnung, ~!)	**vær så snill**	['vær ʂɔ 'snil]
Nicht vergessen!	**Ikke glem!**	['ikə 'glem]
Natürlich!	**Selvfølgelig!**	[sɛl'følgəli]
Natürlich nicht!	**Selvfølgelig ikke!**	[sɛl'følgəli 'ikə]
Gut! Okay!	**OK! Enig!**	[ɔ'kɛj], ['ɛni]
Es ist genug!	**Det er nok!**	[de ær 'nɔk]

3. Fragen

Wer?	**Hvem?**	['vɛm]
Was?	**Hva?**	['va]
Wo?	**Hvor?**	['vʉr]
Wohin?	**Hvorhen?**	['vʉrhen]
Woher?	**Hvorfra?**	['vʉrfra]
Wann?	**Når?**	[nɔr]
Wozu?	**Hvorfor?**	['vʉrfʉr]
Warum?	**Hvorfor?**	['vʉrfʉr]
Wofür?	**Hvorfor?**	['vʉrfʉr]
Wie?	**Hvordan?**	['vʉːdan]
Welcher?	**Hvilken?**	['vilkən]
Wem?	**Til hvem?**	[til 'vɛm]
Über wen?	**Om hvem?**	[ɔm 'vɛm]
Wovon? (~ sprichst du?)	**Om hva?**	[ɔm 'va]
Mit wem?	**Med hvem?**	[me 'vɛm]
Wie viele?	**Hvor mange?**	[vʉr 'maŋə]
Wie viel?	**Hvor mye?**	[vʉr 'mye]
Wessen?	**Hvis?**	['vis]

4. Präpositionen

mit (Frau ~ Katzen)	**med**	[me]
ohne (~ Dich)	**uten**	['ʉtən]
nach (~ London)	**til**	['til]
über (~ Geschäfte sprechen)	**om**	['ɔm]
vor (z.B. ~ acht Uhr)	**før**	['før]
vor (z.B. ~ dem Haus)	**foran, framfor**	['fɔran], ['framfor]
unter (~ dem Schirm)	**under**	['ʉnər]
über (~ dem Meeresspiegel)	**over**	['ɔvər]
auf (~ dem Tisch)	**på**	['pɔ]
aus (z.B. ~ München)	**fra**	['fra]
aus (z.B. ~ Porzellan)	**av**	[ɑː]
in (~ zwei Tagen)	**om**	['ɔm]
über (~ zaun)	**over**	['ɔvər]

5. Funktionswörter. Adverbien. Teil 1

Wo?	Hvor?	['vʊr]
hier	her	['hɛr]
dort	der	['dɛr]
irgendwo	et sted	[et 'sted]
nirgends	ingensteds	['iŋən‚stɛts]
an (bei)	ved	['ve]
am Fenster	ved vinduet	[ve 'vindʉe]
Wohin?	Hvorhen?	['vʊrhen]
hierher	hit	['hit]
dahin	dit	['dit]
von hier	herfra	['hɛr‚frɑ]
von da	derfra	['dɛr‚frɑ]
nah (Adv)	nær	['nær]
weit, fern (Adv)	langt	['lɑŋt]
in der Nähe von ...	nær	['nær]
in der Nähe	i nærheten	[i 'nær‚hetən]
unweit (~ unseres Hotels)	ikke langt	['ikə 'lɑŋt]
link (Adj)	venstre	['vɛnstrə]
links (Adv)	til venstre	[til 'vɛnstrə]
nach links	til venstre	[til 'vɛnstrə]
recht (Adj)	høyre	['højrə]
rechts (Adv)	til høyre	[til 'højrə]
nach rechts	til høyre	[til 'højrə]
vorne (Adv)	foran	['fɔrɑn]
Vorder-	fremre	['frɛmrə]
vorwärts	fram	['frɑm]
hinten (Adv)	bakom	['bɑkɔm]
von hinten	bakfra	['bɑk‚frɑ]
rückwärts (Adv)	tilbake	[til'bɑkə]
Mitte (f)	midt (m)	['mit]
in der Mitte	i midten	[i 'mitən]
seitlich (Adv)	fra siden	[frɑ 'sidən]
überall (Adv)	overalt	[ɔvər'ɑlt]
ringsherum (Adv)	rundt omkring	['rʉnt ɔm'kriŋ]
von innen (Adv)	innefra	['inə‚frɑ]
irgendwohin (Adv)	et sted	[et 'sted]
geradeaus (Adv)	rett, direkte	['rɛt], ['di'rɛktə]
zurück (Adv)	tilbake	[til'bɑkə]
irgendwoher (Adv)	et eller annet steds fra	[et 'elər ‚ɑːnt 'stɛts frɑ]
von irgendwo (Adv)	et eller annet steds fra	[et 'elər ‚ɑːnt 'stɛts frɑ]

erstens	for det første	[fɔr de 'fœʂtə]
zweitens	for det annet	[fɔr de 'ɑːnt]
drittens	for det tredje	[fɔr de 'trɛdje]

plötzlich (Adv)	plutselig	['plʉtseli]
zuerst (Adv)	i begynnelsen	[i be'jinəlsən]
zum ersten Mal	for første gang	[fɔr 'fœʂtə ,gɑŋ]
lange vor...	lenge før ...	['leŋə 'før ...]
von Anfang an	på nytt	[pɔ 'nʏt]
für immer	for godt	[fɔr 'gɔt]

nie (Adv)	aldri	['ɑldri]
wieder (Adv)	igjen	[i'jɛn]
jetzt (Adv)	nå	['nɔ]
oft (Adv)	ofte	['ɔftə]
damals (Adv)	da	['dɑ]
dringend (Adv)	omgående	['ɔm,gɔːnə]
gewöhnlich (Adv)	vanligvis	['vɑnli,vis]

übrigens, ...	forresten, ...	[fɔ'rɛstən ...]
möglicherweise (Adv)	mulig, kanskje	['mʉli], ['kanʂə]
wahrscheinlich (Adv)	sannsynligvis	[san'sʏnli,vis]
vielleicht (Adv)	kanskje	['kanʂə]
außerdem ...	dessuten, ...	[des'ʉtən ...]
deshalb ...	derfor ...	['dɛrfor ...]
trotz ...	på tross av ...	['pɔ 'trɔs ɑː ...]
dank ...	takket være ...	['takət ,værə ...]

was (~ ist denn?)	hva	['vɑ]
das (~ ist alles)	at	[ɑt]
etwas	noe	['nʊe]
irgendwas	noe	['nʊe]
nichts	ingenting	['iŋəntiŋ]

wer (~ ist ~?)	hvem	['vɛm]
jemand	noen	['nʊən]
irgendwer	noen	['nʊən]

niemand	ingen	['iŋən]
nirgends	ingensteds	['iŋən,stɛts]
niemandes (~ Eigentum)	ingens	['iŋəns]
jemandes	noens	['nʊəns]

so (derart)	så	['sɔː]
auch	også	['ɔsɔ]
ebenfalls	også	['ɔsɔ]

6. Funktionswörter. Adverbien. Teil 2

Warum?	Hvorfor?	['vʊrfʊr]
aus irgendeinem Grund	av en eller annen grunn	[ɑː en elər 'ɑnən ,grʉn]
weil ...	fordi ...	[fo'di ...]
zu irgendeinem Zweck	av en eller annen grunn	[ɑː en elər 'ɑnən ,grʉn]
und	og	['ɔ]

oder	eller	['elər]
aber	men	['men]
für (präp)	for, til	[for], [til]

zu (~ viele)	for, altfor	['for], ['altfor]
nur (~ einmal)	bare	['barə]
genau (Adv)	presis, eksakt	[prɛ'sis], [ɛk'sakt]
etwa	cirka	['sirka]

ungefähr (Adv)	omtrent	[om'trɛnt]
ungefähr (Adj)	omtrentlig	[om'trɛntli]
fast	nesten	['nɛstən]
Übrige (n)	rest (m)	['rɛst]

der andere	den annen	[den 'anən]
andere	andre	['andrə]
jeder (~ Mann)	hver	['vɛr]
beliebig (Adj)	hvilken som helst	['vilkən som 'hɛlst]
viel	mye	['mye]
viele Menschen	mange	['maŋə]
alle (wir ~)	alle	['alə]

im Austausch gegen …	til gjengjeld for …	[til 'jɛnjɛl for …]
dafür (Adv)	istedenfor	[i'steden‚for]
mit der Hand (Hand-)	for hånd	[for 'hon]
schwerlich (Adv)	neppe	['nepə]

wahrscheinlich (Adv)	sannsynligvis	[san'sʏnli‚vis]
absichtlich (Adv)	med vilje	[me 'vilje]
zufällig (Adv)	tilfeldigvis	[til'fɛldivis]

sehr (Adv)	meget	['meget]
zum Beispiel	for eksempel	[for ɛk'sɛmpəl]
zwischen	mellom	['mɛlom]
unter (Wir sind ~ Mördern)	blant	['blant]
so viele (~ Ideen)	så mye	['so: mye]
besonders (Adv)	særlig	['sæːli]

ZAHLEN. VERSCHIEDENES

7. Grundzahlen. Teil 1

null	null	['nʉl]
eins	en	['en]
zwei	to	['tʉ]
drei	tre	['tre]
vier	fire	['fire]
fünf	fem	['fɛm]
sechs	seks	['sɛks]
sieben	sju	['ʂʉ]
acht	åtte	['ɔtə]
neun	ni	['ni]
zehn	ti	['ti]
elf	elleve	['ɛlvə]
zwölf	tolv	['tɔl]
dreizehn	tretten	['trɛtən]
vierzehn	fjorten	['fjɔːʈən]
fünfzehn	femten	['fɛmtən]
sechzehn	seksten	['sæjstən]
siebzehn	sytten	['sʏtən]
achtzehn	atten	['atən]
neunzehn	nitten	['nitən]
zwanzig	tjue	['çʉe]
einundzwanzig	tjueen	['çʉe en]
zweiundzwanzig	tjueto	['çʉe tʉ]
dreiundzwanzig	tjuetre	['çʉe tre]
dreißig	tretti	['trɛti]
einunddreißig	trettien	['trɛti en]
zweiunddreißig	trettito	['trɛti tʉ]
dreiunddreißig	trettitre	['trɛti tre]
vierzig	førti	['fœːʈi]
einundvierzig	førtien	['fœːʈi en]
zweiundvierzig	førtito	['fœːʈi tʉ]
dreiundvierzig	førtitre	['fœːʈi tre]
fünfzig	femti	['fɛmti]
einundfünfzig	femtien	['fɛmti en]
zweiundfünfzig	femtito	['fɛmti tʉ]
dreiundfünfzig	femtitre	['fɛmti tre]
sechzig	seksti	['sɛksti]
einundsechzig	sekstien	['sɛksti en]

zweiundsechzig	**sekstito**	['sɛksti tʉ]
dreiundsechzig	**sekstitre**	['sɛksti tre]
siebzig	**sytti**	['sʏti]
einundsiebzig	**syttien**	['sʏti en]
zweiundsiebzig	**syttito**	['sʏti tʉ]
dreiundsiebzig	**syttitre**	['sʏti tre]
achtzig	**åtti**	['ɔti]
einundachtzig	**åttien**	['ɔti en]
zweiundachtzig	**åttito**	['ɔti tʉ]
dreiundachtzig	**åttitre**	['ɔti tre]
neunzig	**nitti**	['niti]
einundneunzig	**nittien**	['niti en]
zweiundneunzig	**nittito**	['niti tʉ]
dreiundneunzig	**nittitre**	['niti tre]

8. Grundzahlen. Teil 2

einhundert	**hundre**	['hʉndrə]
zweihundert	**to hundre**	['tʉ ˌhʉndrə]
dreihundert	**tre hundre**	['tre ˌhʉndrə]
vierhundert	**fire hundre**	['fire ˌhʉndrə]
fünfhundert	**fem hundre**	['fɛm ˌhʉndrə]
sechshundert	**seks hundre**	['sɛks ˌhʉndrə]
siebenhundert	**syv hundre**	['sʏv ˌhʉndrə]
achthundert	**åtte hundre**	['ɔtə ˌhʉndrə]
neunhundert	**ni hundre**	['ni ˌhʉndrə]
eintausend	**tusen**	['tʉsən]
zweitausend	**to tusen**	['tʉ ˌtʉsən]
dreitausend	**tre tusen**	['tre ˌtʉsən]
zehntausend	**ti tusen**	['ti ˌtʉsən]
hunderttausend	**hundre tusen**	['hʉndrə ˌtʉsən]
Million (f)	**million** (m)	[mi'ljun]
Milliarde (f)	**milliard** (m)	[mi'lja:ɖ]

9. Ordnungszahlen

der erste	**første**	['fœʂtə]
der zweite	**annen**	['ɑnən]
der dritte	**tredje**	['trɛdjə]
der vierte	**fjerde**	['fjærə]
der fünfte	**femte**	['fɛmtə]
der sechste	**sjette**	['ʂɛtə]
der siebte	**sjuende**	['ʂʉenə]
der achte	**åttende**	['ɔtenə]
der neunte	**niende**	['nienə]
der zehnte	**tiende**	['tienə]

FARBEN. MAßEINHEITEN

10. Farben

Farbe (f)	farge (m)	['fɑrgə]
Schattierung (f)	nyanse (m)	[ny'ɑnse]
Farbton (m)	fargetone (m)	['fɑrgəˌtʉnə]
Regenbogen (m)	regnbue (m)	['ræjnˌbʉːə]
weiß	hvit	['vit]
schwarz	svart	['svɑːʈ]
grau	grå	['grɔ]
grün	grønn	['grœn]
gelb	gul	['gʉl]
rot	rød	['rø]
blau	blå	['blɔ]
hellblau	lyseblå	['lysəˌblɔ]
rosa	rosa	['rɔsɑ]
orange	oransje	[ɔ'rɑnʂɛ]
violett	fiolett	[fiʊ'lət]
braun	brun	['brʉn]
golden	gullgul	['gʉl]
silbrig	sølv-	['søl-]
beige	beige	['bɛːʂ]
cremefarben	kremfarget	['krɛmˌfɑrgət]
türkis	turkis	[tʉr'kis]
kirschrot	kirsebærrød	['çisəbærˌrød]
lila	lilla	['lila]
himbeerrot	karminrød	['kɑrmʉ'sinˌrød]
hell	lys	['lys]
dunkel	mørk	['mœrk]
grell	klar	['klɑr]
Farb- (z.B. -stifte)	farge-	['fɑrgə-]
Farb- (z.B. -film)	farge-	['fɑrgə-]
schwarz-weiß	svart-hvit	['svɑːʈ vit]
einfarbig	ensfarget	['ɛnsˌfɑrgət]
bunt	mangefarget	['mɑŋəˌfɑrgət]

11. Maßeinheiten

Gewicht (n)	vekt (m)	['vɛkt]
Länge (f)	lengde (m/f)	['leŋdə]

Breite (f)	**bredde** (m)	['brɛdə]
Höhe (f)	**høyde** (m)	['højdə]
Tiefe (f)	**dybde** (m)	['dʏbdə]
Volumen (n)	**volum** (n)	[vɔ'lʉm]
Fläche (f)	**areal** (n)	[ˌare'al]

Gramm (n)	**gram** (n)	['gram]
Milligramm (n)	**milligram** (n)	['miliˌgram]
Kilo (n)	**kilogram** (n)	['çiluˌgram]
Tonne (f)	**tonn** (m/n)	['tɔn]
Pfund (n)	**pund** (n)	['pʉn]
Unze (f)	**unse** (m)	['ʉnsə]

Meter (m)	**meter** (m)	['metər]
Millimeter (m)	**millimeter** (m)	['miliˌmetər]
Zentimeter (m)	**centimeter** (m)	['sɛntiˌmetər]
Kilometer (m)	**kilometer** (m)	['çiluˌmetər]
Meile (f)	**mil** (m/f)	['mil]

Zoll (m)	**tomme** (m)	['tɔmə]
Fuß (m)	**fot** (m)	['fʊt]
Yard (n)	**yard** (m)	['ja:rd]

Quadratmeter (m)	**kvadratmeter** (m)	[kva'dratˌmetər]
Hektar (n)	**hektar** (n)	['hɛktar]

Liter (m)	**liter** (m)	['litər]
Grad (m)	**grad** (m)	['grad]
Volt (n)	**volt** (m)	['vɔlt]
Ampere (n)	**ampere** (m)	[am'pɛr]
Pferdestärke (f)	**hestekraft** (m/f)	['hɛstəˌkraft]

Anzahl (f)	**mengde** (m)	['mɛŋdə]
etwas ...	**få ...**	['fɔ ...]
Hälfte (f)	**halvdel** (m)	['haldel]
Dutzend (n)	**dusin** (n)	[dʉ'sin]
Stück (n)	**stykke** (n)	['stʏkə]

Größe (f)	**størrelse** (m)	['stœrəlsə]
Maßstab (m)	**målestokk** (m)	['mo:ləˌstɔk]

minimal (Adj)	**minimal**	[mini'mal]
der kleinste	**minste**	['minstə]
mittler, mittel-	**middel-**	['midəl-]
maximal (Adj)	**maksimal**	[maksi'mal]
der größte	**største**	['stœʂtə]

12. Behälter

Glas (Einmachglas)	**glaskrukke** (m/f)	['glasˌkrukə]
Dose (z.B. Bierdose)	**boks** (m)	['bɔks]
Eimer (m)	**bøtte** (m/f)	['bœtə]
Fass (n), Tonne (f)	**tønne** (m)	['tœnə]
Waschschüssel (n)	**vaskefat** (n)	['vaskəˌfat]

Tank (m)	**tank** (m)	['tɑnk]
Flachmann (m)	**lommelerke** (m/f)	['lʋmə͵lærkə]
Kanister (m)	**bensinkanne** (m/f)	[bɛn'sin͵kɑnə]
Zisterne (f)	**tank** (m)	['tɑnk]
Kaffeebecher (m)	**krus** (n)	['krʉs]
Tasse (f)	**kopp** (m)	['kɔp]
Untertasse (f)	**tefat** (n)	['te͵fɑt]
Wasserglas (n)	**glass** (n)	['glɑs]
Weinglas (n)	**vinglass** (n)	['vin͵glɑs]
Kochtopf (m)	**gryte** (m/f)	['grytə]
Flasche (f)	**flaske** (m)	['flɑskə]
Flaschenhals (m)	**flaskehals** (m)	['flɑskə͵hɑls]
Karaffe (f)	**karaffel** (m)	[kɑ'rɑfəl]
Tonkrug (m)	**mugge** (m/f)	['mʉgə]
Gefäß (n)	**beholder** (m)	[be'hɔlər]
Tontopf (m)	**pott, potte** (m)	['pɔt], ['pɔtə]
Vase (f)	**vase** (m)	['vɑsə]
Flakon (n)	**flakong** (m)	[flɑ'kɔŋ]
Fläschchen (n)	**flaske** (m/f)	['flɑskə]
Tube (z.B. Zahnpasta)	**tube** (m)	['tʉbə]
Sack (~ Kartoffeln)	**sekk** (m)	['sɛk]
Tüte (z.B. Plastiktüte)	**pose** (m)	['pʋsə]
Schachtel (z.B. Zigaretten~)	**pakke** (m/f)	['pɑkə]
Karton (z.B. Schuhkarton)	**eske** (m/f)	['ɛskə]
Kiste (z.B. Bananenkiste)	**kasse** (m/f)	['kɑsə]
Korb (m)	**kurv** (m)	['kʉrv]

DIE WICHTIGSTEN VERBEN

13. Die wichtigsten Verben. Teil 1

abbiegen (nach links ~)	å svinge	[ɔ 'sviŋə]
abschicken (vt)	å sende	[ɔ 'sɛnə]
ändern (vt)	å endre	[ɔ 'ɛndrə]
andeuten (vt)	å gi et vink	[ɔ 'ji et 'vink]
Angst haben	å frykte	[ɔ 'frʏktə]
ankommen (vi)	å ankomme	[ɔ 'anˌkɔmə]
antworten (vi)	å svare	[ɔ 'svarə]
arbeiten (vi)	å arbeide	[ɔ 'arˌbæjdə]
auf ... zählen	å regne med ...	[ɔ 'rɛjnə me ...]
aufbewahren (vt)	å beholde	[ɔ be'hɔlə]
aufschreiben (vt)	å skrive ned	[ɔ 'skrivə ne]
ausgehen (vi)	å gå ut	[ɔ 'gɔ ʉt]
aussprechen (vt)	å uttale	[ɔ 'ʉtˌtalə]
bedauern (vt)	å beklage	[ɔ be'klɑgə]
bedeuten (vt)	å bety	[ɔ 'bety]
beenden (vt)	å slutte	[ɔ 'ʂlʉtə]
befehlen (Milit.)	å beordre	[ɔ be'ɔrdrə]
befreien (Stadt usw.)	å befri	[ɔ be'fri]
beginnen (vt)	å begynne	[ɔ be'jinə]
bemerken (vt)	å bemerke	[ɔ be'mærkə]
beobachten (vt)	å observere	[ɔ ɔbsɛr'verə]
berühren (vt)	å røre	[ɔ 'rørə]
besitzen (vt)	å besidde, å eie	[ɔ bɛ'sidə], [ɔ 'æje]
besprechen (vt)	å diskutere	[ɔ diskʉ'terə]
bestehen auf	å insistere	[ɔ insi'sterə]
bestellen (im Restaurant)	å bestille	[ɔ be'stilə]
bestrafen (vt)	å straffe	[ɔ 'strafə]
beten (vi)	å be	[ɔ 'be]
bitten (vt)	å be	[ɔ 'be]
brechen (vt)	å bryte	[ɔ 'brytə]
denken (vi, vt)	å tenke	[ɔ 'tɛnkə]
drohen (vi)	å true	[ɔ 'trʉə]
Durst haben	å være tørst	[ɔ 'værə 'tœʂt]
einladen (vt)	å innby, å invitere	[ɔ 'inby], [ɔ invi'terə]
einstellen (vt)	å slutte	[ɔ 'ʂlʉtə]
einwenden (vt)	å innvende	[ɔ 'inˌvɛnə]
empfehlen (vt)	å anbefale	[ɔ 'anbeˌfalə]
erklären (vt)	å forklare	[ɔ fɔr'klɑrə]
erlauben (vt)	å tillate	[ɔ 'tiˌlɑtə]

ermorden (vt)	å døde, å myrde	[ɔ 'døːdə], [ɔ 'mʏːɖə]
erwähnen (vt)	å omtale, å nevne	[ɔ 'ɔmˌtɑlə], [ɔ 'nɛvnə]
existieren (vi)	å eksistere	[ɔ ɛksi'sterə]

14. Die wichtigsten Verben. Teil 2

fallen (vi)	å falle	[ɔ 'fɑlə]
fallen lassen	å tappe	[ɔ 'tɑpə]
fangen (vt)	å fange	[ɔ 'fɑŋə]
finden (vt)	å finne	[ɔ 'finə]
fliegen (vi)	å fly	[ɔ 'fly]

folgen (Folge mir!)	å følge etter ...	[ɔ 'følə 'ɛtər ...]
fortsetzen (vt)	å fortsette	[ɔ 'fɔrtˌsɛtə]
fragen (vt)	å spørre	[ɔ 'spørə]
frühstücken (vi)	å spise frokost	[ɔ 'spisə ˌfrʊkɔst]
geben (vt)	å gi	[ɔ 'ji]

gefallen (vi)	å like	[ɔ 'likə]
gehen (zu Fuß gehen)	å gå	[ɔ 'gɔ]
gehören (vi)	å tilhøre ...	[ɔ 'tilˌhørə ...]
graben (vt)	å grave	[ɔ 'grɑvə]

haben (vt)	å ha	[ɔ 'hɑ]
helfen (vi)	å hjelpe	[ɔ 'jɛlpə]
herabsteigen (vi)	å gå ned	[ɔ 'gɔ ne]
hereinkommen (vi)	å komme inn	[ɔ 'kɔmə in]

hoffen (vi)	å håpe	[ɔ 'hoːpə]
hören (vt)	å høre	[ɔ 'hørə]
hungrig sein	å være sulten	[ɔ 'værə 'sʊltən]
informieren (vt)	å informere	[ɔ infor'merə]
jagen (vi)	å jage	[ɔ 'jagə]

kennen (vt)	å kjenne	[ɔ 'çɛnə]
klagen (vi)	å klage	[ɔ 'klagə]
können (v mod)	å kunne	[ɔ 'kʊnə]
kontrollieren (vt)	å kontrollere	[ɔ kʊntrɔ'lerə]
kosten (vt)	å koste	[ɔ 'kɔstə]

kränken (vt)	å fornærme	[ɔ fɔː'nærmə]
lächeln (vi)	å smile	[ɔ 'smilə]
lachen (vi)	å le, å skratte	[ɔ 'le], [ɔ 'skrɑtə]
laufen (vi)	å løpe	[ɔ 'løpə]
leiten (Betrieb usw.)	å styre, å lede	[ɔ 'styrə], [ɔ 'ledə]

lernen (vt)	å studere	[ɔ stʉ'derə]
lesen (vi, vt)	å lese	[ɔ 'lesə]
lieben (vt)	å elske	[ɔ 'ɛlskə]
machen (vt)	å gjøre	[ɔ 'jørə]

mieten (Haus usw.)	å leie	[ɔ 'læjə]
nehmen (vt)	å ta	[ɔ 'tɑ]
noch einmal sagen	å gjenta	[ɔ 'jɛntɑ]

nötig sein	å være behøv	[ɔ 'væːrə bə'høv]
öffnen (vt)	å åpne	[ɔ 'ɔpnə]

15. Die wichtigsten Verben. Teil 3

planen (vt)	å planlegge	[ɔ 'plɑn,legə]
prahlen (vi)	å prale	[ɔ 'prɑlə]
raten (vt)	å råde	[ɔ 'roːdə]
rechnen (vt)	å telle	[ɔ 'tɛlə]
reservieren (vt)	å reservere	[ɔ resɛr'verə]
retten (vt)	å redde	[ɔ 'rɛdə]
richtig raten (vt)	å gjette	[ɔ 'jɛtə]
rufen (um Hilfe ~)	å tilkalle	[ɔ 'til,kɑlə]
sagen (vt)	å si	[ɔ 'si]
schaffen (Etwas Neues zu ~)	å opprette	[ɔ 'ɔp,rɛtə]
schelten (vt)	å skjelle	[ɔ 'ʂɛːlə]
schießen (vi)	å skyte	[ɔ 'ʂytə]
schmücken (vt)	å pryde	[ɔ 'prydə]
schreiben (vi, vt)	å skrive	[ɔ 'skrivə]
schreien (vi)	å skrike	[ɔ 'skrikə]
schweigen (vi)	å tie	[ɔ 'tie]
schwimmen (vi)	å svømme	[ɔ 'svœmə]
schwimmen gehen	å bade	[ɔ 'bɑdə]
sehen (vi, vt)	å se	[ɔ 'se]
sein (vi)	å være	[ɔ 'væːrə]
sich beeilen	å skynde seg	[ɔ 'ʂynə sæj]
sich entschuldigen	å unnskylde seg	[ɔ 'ʉn,ʂylə sæj]
sich interessieren	å interessere seg	[ɔ intərə'serə sæj]
sich irren	å gjøre feil	[ɔ 'jørə ,fæjl]
sich setzen	å sette seg	[ɔ 'sɛtə sæj]
sich weigern	å vegre seg	[ɔ 'vɛgrə sæj]
spielen (vi, vt)	å leke	[ɔ 'lekə]
sprechen (vi)	å tale	[ɔ 'tɑlə]
staunen (vi)	å bli forundret	[ɔ 'bli fo'rʉndrət]
stehlen (vt)	å stjele	[ɔ 'stjelə]
stoppen (vt)	å stoppe	[ɔ 'stɔpə]
suchen (vt)	å søke ...	[ɔ 'søkə ...]

16. Die wichtigsten Verben. Teil 4

täuschen (vt)	å fuske	[ɔ 'fʉskə]
teilnehmen (vi)	å delta	[ɔ 'dɛltɑ]
übersetzen (Buch usw.)	å oversette	[ɔ 'ɔvə,sɛtə]
unterschätzen (vt)	å undervurdere	[ɔ 'ʉnərvuː,derə]
unterschreiben (vt)	å underskrive	[ɔ 'ʉnə,skrivə]
vereinigen (vt)	å forene	[ɔ fo'renə]

vergessen (vt)	å glemme	[ɔ 'glemə]
vergleichen (vt)	å sammenlikne	[ɔ 'samən‚liknə]
verkaufen (vt)	å selge	[ɔ 'sɛlə]
verlangen (vt)	å kreve	[ɔ 'krevə]

versäumen (vt)	å skulke	[ɔ 'skʉlkə]
versprechen (vt)	å love	[ɔ 'lɔvə]
verstecken (vt)	å gjemme	[ɔ 'jɛmə]
verstehen (vt)	å forstå	[ɔ fɔ'ʂtɔ]
versuchen (vt)	å prøve	[ɔ 'prøvə]

verteidigen (vt)	å forsvare	[ɔ fɔ'ʂvarə]
vertrauen (vi)	å stole på	[ɔ 'stʉlə pɔ]
verwechseln (vt)	å forveksle	[ɔ fɔr'vɛkʂlə]
verzeihen (vi, vt)	å unnskylde	[ɔ 'ʉn‚ʂylə]
verzeihen (vt)	å tilgi	[ɔ 'til‚ji]
voraussehen (vt)	å forutse	[ɔ 'fɔrʉt‚sə]

vorschlagen (vt)	å foreslå	[ɔ 'fɔrə‚ʂlɔ]
vorziehen (vt)	å foretrekke	[ɔ 'fɔrə‚trɛkə]
wählen (vt)	å velge	[ɔ 'vɛlgə]
warnen (vt)	å varsle	[ɔ 'vaʂlə]
warten (vi)	å vente	[ɔ 'vɛntə]
weinen (vi)	å gråte	[ɔ 'gro:tə]

wissen (vt)	å vite	[ɔ 'vitə]
Witz machen	å spøke	[ɔ 'spøkə]
wollen (vt)	å ville	[ɔ 'vilə]
zahlen (vt)	å betale	[ɔ be'talə]
zeigen (jemandem etwas)	å vise	[ɔ 'visə]

zu Abend essen	å spise middag	[ɔ 'spisə 'mi‚da]
zu Mittag essen	å spise lunsj	[ɔ 'spisə ‚lʉnʂ]
zubereiten (vt)	å lage	[ɔ 'lagə]
zustimmen (vi)	å samtykke	[ɔ 'sam‚tʏkə]
zweifeln (vi)	å tvile	[ɔ 'tvilə]

ZEIT. KALENDER

17. Wochentage

Montag (m)	mandag (m)	['man,da]
Dienstag (m)	tirsdag (m)	['tiş,da]
Mittwoch (m)	onsdag (m)	['uns,da]
Donnerstag (m)	torsdag (m)	['toş,da]
Freitag (m)	fredag (m)	['frɛ,da]
Samstag (m)	lørdag (m)	['lør,da]
Sonntag (m)	søndag (m)	['søn,da]
heute	i dag	[i 'da]
morgen	i morgen	[i 'mɔːən]
übermorgen	i overmorgen	[i 'ɔvər,mɔːən]
gestern	i går	[i 'gɔr]
vorgestern	i forgårs	[i 'for,gɔş]
Tag (m)	dag (m)	['da]
Arbeitstag (m)	arbeidsdag (m)	['arbæjds,da]
Feiertag (m)	festdag (m)	['fɛst,da]
freier Tag (m)	fridag (m)	['fri,da]
Wochenende (n)	ukeslutt (m), helg (f)	['ʉkə,slʉt], ['hɛlg]
den ganzen Tag	hele dagen	['helə 'dagən]
am nächsten Tag	neste dag	['nɛstə ,da]
zwei Tage vorher	for to dager siden	[for tu 'dager ,sidən]
am Vortag	dagen før	['dagən 'før]
täglich (Adj)	daglig	['dagli]
täglich (Adv)	hver dag	['vɛr da]
Woche (f)	uke (m/f)	['ʉkə]
letzte Woche	siste uke	['sistə 'ʉkə]
nächste Woche	i neste uke	[i 'nɛstə 'ʉkə]
wöchentlich (Adj)	ukentlig	['ʉkəntli]
wöchentlich (Adv)	hver uke	['vɛr 'ʉkə]
zweimal pro Woche	to ganger per uke	['tu 'gaŋər per 'ʉkə]
jeden Dienstag	hver tirsdag	['vɛr 'tişda]

18. Stunden. Tag und Nacht

Morgen (m)	morgen (m)	['mɔːən]
morgens	om morgenen	[ɔm 'mɔːenən]
Mittag (m)	middag (m)	['mi,da]
nachmittags	om ettermiddagen	[ɔm 'ɛtər,midagən]
Abend (m)	kveld (m)	['kvɛl]
abends	om kvelden	[ɔm 'kvɛlən]

Nacht (f)	natt (m/f)	['nat]
nachts	om natta	[ɔm 'nata]
Mitternacht (f)	midnatt (m/f)	['mid,nat]

Sekunde (f)	sekund (m/n)	[se'kʉn]
Minute (f)	minutt (n)	[mi'nʉt]
Stunde (f)	time (m)	['timə]
eine halbe Stunde	halvtime (m)	['hal,timə]
Viertelstunde (f)	kvarter (n)	[kva:ʈer]
fünfzehn Minuten	femten minutter	['fɛmtən mi'nʉtər]
Tag und Nacht	døgn (n)	['døjn]

Sonnenaufgang (m)	soloppgang (m)	['sʉlɔp,gaŋ]
Morgendämmerung (f)	daggry (n)	['dag,gry]
früher Morgen (m)	tidlig morgen (m)	['tili 'mɔ:ən]
Sonnenuntergang (m)	solnedgang (m)	['sʉlned,gaŋ]

früh am Morgen	tidlig om morgenen	['tili ɔm 'mɔ:enən]
heute Morgen	i morges	[i 'mɔrəs]
morgen früh	i morgen tidlig	[i 'mɔ:ən 'tili]

heute Mittag	i formiddag	[i 'fɔrmi,da]
nachmittags	om ettermiddagen	[ɔm 'ɛtər,midagən]
morgen Nachmittag	i morgen ettermiddag	[i 'mɔ:ən 'ɛtər,mida]

heute Abend	i kveld	[i 'kvɛl]
morgen Abend	i morgen kveld	[i 'mɔ:ən ,kvɛl]

Punkt drei Uhr	presis klokka tre	[prɛ'sis 'klɔka tre]
gegen vier Uhr	ved fire-tiden	[ve 'fire ,tidən]
um zwölf Uhr	innen klokken tolv	['inən 'klɔkən tɔl]

in zwanzig Minuten	om tjue minutter	[ɔm 'çʉe mi'nʉtər]
in einer Stunde	om en time	[ɔm en 'timə]
rechtzeitig (Adv)	i tide	[i 'tidə]

Viertel vor ...	kvart på ...	['kva:ʈ pɔ ...]
innerhalb einer Stunde	innen en time	['inən en 'timə]
alle fünfzehn Minuten	hvert kvarter	['vɛːʈ kva:'ʈer]
Tag und Nacht	døgnet rundt	['døjne ,rʉnt]

19. Monate. Jahreszeiten

Januar (m)	januar (m)	['janʉ,ar]
Februar (m)	februar (m)	['febrʉ,ar]
März (m)	mars (m)	['maʂ]
April (m)	april (m)	[a'pril]
Mai (m)	mai (m)	['maj]
Juni (m)	juni (m)	['jʉni]

Juli (m)	juli (m)	['jʉli]
August (m)	august (m)	[aʊ'gʉst]
September (m)	september (m)	[sep'tɛmbər]
Oktober (m)	oktober (m)	[ɔk'tʉbər]

| November (m) | november (m) | [nʊˈvɛmbər] |
| Dezember (m) | desember (m) | [deˈsɛmbər] |

Frühling (m)	vår (m)	[ˈvɔːr]
im Frühling	om våren	[ɔm ˈvoːrən]
Frühlings-	vår-, vårlig	[ˈvɔːr-], [ˈvɔːli]

Sommer (m)	sommer (m)	[ˈsɔmər]
im Sommer	om sommeren	[ɔm ˈsɔmerən]
Sommer-	sommer-	[ˈsɔmər-]

Herbst (m)	høst (m)	[ˈhøst]
im Herbst	om høsten	[ɔm ˈhøstən]
Herbst-	høst-, høstlig	[ˈhøst-], [ˈhøstli]

Winter (m)	vinter (m)	[ˈvintər]
im Winter	om vinteren	[ɔm ˈvinterən]
Winter-	vinter-	[ˈvintər-]

Monat (m)	måned (m)	[ˈmoːnət]
in diesem Monat	denne måneden	[ˈdɛnə ˈmoːnedən]
nächsten Monat	neste måned	[ˈnɛstə ˈmoːnət]
letzten Monat	forrige måned	[ˈfɔriə ˌmoːnət]
vor einem Monat	for en måned siden	[fɔr en ˈmoːnət ˌsidən]
über eine Monat	om en måned	[ɔm en ˈmoːnət]
in zwei Monaten	om to måneder	[ɔm ˈtʊ ˈmoːnedər]
den ganzen Monat	hele måned	[ˈhelə ˈmoːnət]

monatlich (Adj)	månedlig	[ˈmoːnədli]
monatlich (Adv)	månedligt	[ˈmoːnedlət]
jeden Monat	hver måned	[ˌvɛr ˈmoːnət]
zweimal pro Monat	to ganger per måned	[ˈtʊ ˈɡaŋər per ˈmoːnət]

Jahr (n)	år (n)	[ˈɔr]
dieses Jahr	i år	[i ˈoːr]
nächstes Jahr	neste år	[ˈnɛstə ˌoːr]
voriges Jahr	i fjor	[i ˈfjɔr]

vor einem Jahr	for et år siden	[fɔr et ˈoːr ˌsidən]
in einem Jahr	om et år	[ɔm et ˈoːr]
in zwei Jahren	om to år	[ɔm ˈtʊ ˈoːr]
das ganze Jahr	hele året	[ˈhelə ˈoːre]

jedes Jahr	hvert år	[ˈvɛːʈ ˈoːr]
jährlich (Adj)	årlig	[ˈoːli]
jährlich (Adv)	årlig, hvert år	[ˈoːli], [ˈvɛːʈ ˈɔr]
viermal pro Jahr	fire ganger per år	[ˈfire ˈɡaŋər per ˈoːr]

Datum (heutige ~)	dato (m)	[ˈdatʊ]
Datum (Geburts-)	dato (m)	[ˈdatʊ]
Kalender (m)	kalender (m)	[kaˈlendər]

ein halbes Jahr	halvår (n)	[ˈhalˌoːr]
Halbjahr (n)	halvår (n)	[ˈhalˌoːr]
Saison (f)	årstid (m/f)	[ˈoːʂˌtid]
Jahrhundert (n)	århundre (n)	[ˈɔrˌhʊndrə]

REISEN. HOTEL

Tourismus (m)	turisme (m)	[tʉ'rismə]
Tourist (m)	turist (m)	[tʉ'rist]
Reise (f)	reise (m/f)	['ræjsə]
Abenteuer (n)	eventyr (n)	['ɛvənˌtyr]
Fahrt (f)	tripp (m)	['trip]
Urlaub (m)	ferie (m)	['fɛriə]
auf Urlaub sein	å være på ferie	[ɔ 'værə pɔ 'fɛriə]
Erholung (f)	hvile (m/f)	['vilə]
Zug (m)	tog (n)	['tɔg]
mit dem Zug	med tog	[me 'tɔg]
Flugzeug (n)	fly (n)	['fly]
mit dem Flugzeug	med fly	[me 'fly]
mit dem Auto	med bil	[me 'bil]
mit dem Schiff	med skip	[me 'ʂip]
Gepäck (n)	bagasje (m)	[ba'gɑʂə]
Koffer (m)	koffert (m)	['kʊfɛːt]
Gepäckwagen (m)	bagasjetralle (m/f)	[ba'gɑʂəˌtralə]
Pass (m)	pass (n)	['pɑs]
Visum (n)	visum (n)	['visʉm]
Fahrkarte (f)	billett (m)	[bi'let]
Flugticket (n)	flybillett (m)	['fly bi'let]
Reiseführer (m)	reisehåndbok (m/f)	['ræjsəˌhɔnbʊk]
Landkarte (f)	kart (n)	['kɑːt]
Gegend (f)	område (n)	['ɔmˌroːdə]
Ort (wunderbarer ~)	sted (n)	['sted]
exotisch	eksotisk	[ɛk'sʊtisk]
erstaunlich (Adj)	forunderlig	[fɔ'rʉndeːli]
Gruppe (f)	gruppe (m)	['grʉpə]
Ausflug (m)	utflukt (m/f)	['ʉtˌflʉkt]
Reiseleiter (m)	guide (m)	['gɑjd]

Hotel (n)	hotell (n)	[hʊ'tɛl]
Motel (n)	motell (n)	[mʊ'tɛl]
drei Sterne	trestjernet	['treˌstjæːŋə]
fünf Sterne	femstjernet	['fɛmˌstjæːŋə]

absteigen (vi)	å bo	[ɔ 'buː]
Hotelzimmer (n)	rom (n)	['rʊm]
Einzelzimmer (n)	enkeltrom (n)	['ɛnkeltˌrʊm]
Zweibettzimmer (n)	dobbeltrom (n)	['dɔbəltˌrʊm]
reservieren (vt)	å reservere rom	[ɔ resɛr'verə 'rʊm]

Halbpension (f)	halvpensjon (m)	['hal panˌʂʊn]
Vollpension (f)	fullpensjon (m)	['fʉl panˌʂʊn]

mit Bad	med badekar	[me 'badəˌkar]
mit Dusche	med dusj	[me 'dʉʂ]
Satellitenfernsehen (n)	satellitt-TV (m)	[satɛ'lit 'tɛvɛ]
Klimaanlage (f)	klimaanlegg (n)	['klimɑ'anˌleg]
Handtuch (n)	håndkle (n)	['hɔnˌkle]
Schlüssel (m)	nøkkel (m)	['nøkəl]

Verwalter (m)	administrator (m)	[admini'strɑːtʊr]
Zimmermädchen (n)	stuepike (m/f)	['stʉəˌpikə]
Träger (m)	pikkolo (m)	['pikɔlɔ]
Portier (m)	portier (m)	[pɔː'tje]

Restaurant (n)	restaurant (m)	[rɛstʊ'rɑŋ]
Bar (f)	bar (m)	['bɑr]
Frühstück (n)	frokost (m)	['frʊkɔst]
Abendessen (n)	middag (m)	['miˌda]
Buffet (n)	buffet (m)	[bʉ'fɛ]

Foyer (n)	hall, lobby (m)	['hal], ['lɔbi]
Aufzug (m), Fahrstuhl (m)	heis (m)	['hæjs]

BITTE NICHT STÖREN!	VENNLIGST IKKE FORSTYRR!	['vɛnligt ikə fo'ʂtyr]
RAUCHEN VERBOTEN!	RØYKING FORBUDT	['røjkiŋ fɔr'bʉt]

22. Sehenswürdigkeiten

Denkmal (n)	monument (n)	[mɔnʉ'mɛnt]
Festung (f)	festning (m/f)	['fɛstniŋ]
Palast (m)	palass (n)	[pɑ'las]
Schloss (n)	borg (m)	['bɔrg]
Turm (m)	tårn (n)	['tɔːn]
Mausoleum (n)	mausoleum (n)	[maʊsʊ'leum]

Architektur (f)	arkitektur (m)	[arkitɛk'tʉr]
mittelalterlich	middelalderlig	['midəlˌaldɛːˌi]
alt (antik)	gammel	['gaməl]
national	nasjonal	[naʂʊ'nal]
berühmt	kjent	['çɛnt]

Tourist (m)	turist (m)	[tʉ'rist]
Fremdenführer (m)	guide (m)	['gajd]
Ausflug (m)	utflukt (m/f)	['ʉtˌflʉkt]
zeigen (vt)	å vise	[ɔ 'visə]
erzählen (vt)	å fortelle	[ɔ fɔː'ʈɛlə]

finden (vt)	å finne	[ɔ 'finə]
sich verlieren	å gå seg bort	[ɔ 'gɔ sæj 'bʊːt]
Karte (U-Bahn ~)	kart, linjekart (n)	['kɑːt], ['linjə'kɑːt]
Karte (Stadt-)	kart (n)	['kɑːt]
Souvenir (n)	suvenir (m)	[sʉve'nir]
Souvenirladen (m)	suvenirbutikk (m)	[sʉve'nir bʉ'tik]
fotografieren (vt)	å fotografere	[ɔ fotɔgrɑ'ferə]
sich fotografieren	å bli fotografert	[ɔ 'bli fotɔgrɑ'fɛːt]

TRANSPORT

23. Flughafen

Flughafen (m)	flyplass (m)	['fly,plɑs]
Flugzeug (n)	fly (n)	['fly]
Fluggesellschaft (f)	flyselskap (n)	['flysəl,skɑp]
Fluglotse (m)	flygeleder (m)	['flyɡə,ledər]

Abflug (m)	avgang (m)	['ɑv,ɡɑŋ]
Ankunft (f)	ankomst (m)	['ɑn,kɔmst]
anfliegen (vi)	å ankomme	[ɔ 'ɑn,kɔmə]

| Abflugzeit (f) | avgangstid (m/f) | ['ɑvɡɑŋs,tid] |
| Ankunftszeit (f) | ankomsttid (m/f) | [ɑn'kɔms,tid] |

| sich verspäten | å bli forsinket | [ɔ 'bli fɔ'ʂinkət] |
| Abflugverspätung (f) | avgangsforsinkelse (m) | ['ɑvɡɑŋs fɔ'ʂinkəlsə] |

Anzeigetafel (f)	informasjonstavle (m/f)	[informɑ'ʂuns ,tɑvlə]
Information (f)	informasjon (m)	[informɑ'ʂun]
ankündigen (vt)	å meddele	[ɔ 'mɛd,delə]
Flug (m)	fly (n)	['fly]

| Zollamt (n) | toll (m) | ['tɔl] |
| Zollbeamter (m) | tollbetjent (m) | ['tɔlbe,tjɛnt] |

Zolldeklaration (f)	tolldeklarasjon (m)	['tɔldɛklarɑ'ʂun]
ausfüllen (vt)	å utfylle	[ɔ 'ʉt,fylə]
die Zollerklärung ausfüllen	å utfylle en tolldeklarasjon	[ɔ 'ʉt,fylə en 'tɔldɛklarɑ,ʂun]
Passkontrolle (f)	passkontroll (m)	['pɑskʉn,trɔl]

Gepäck (n)	bagasje (m)	[bɑ'ɡɑʂə]
Handgepäck (n)	håndbagasje (m)	['hɔn,bɑ'ɡɑʂə]
Kofferkuli (m)	bagasjetralle (m/f)	[bɑ'ɡɑʂə,trɑlə]

Landung (f)	landing (m)	['lɑniŋ]
Landebahn (f)	landingsbane (m)	['lɑniŋs,bɑnə]
landen (vi)	å lande	[ɔ 'lɑnə]
Fluggasttreppe (f)	trapp (m/f)	['trɑp]

Check-in (n)	innsjekking (m/f)	['in,ʂɛkiŋ]
Check-in-Schalter (m)	innsjekkingsskranke (m)	['in,ʂɛkiŋs ,skrɑnkə]
sich registrieren lassen	å sjekke inn	[ɔ 'ʂɛkə in]
Bordkarte (f)	boardingkort (n)	['bɔːdiŋ,kɔːt]
Abfluggate (n)	gate (m/f)	['ɡejt]

Transit (m)	transitt (m)	[trɑn'sit]
warten (vi)	å vente	[ɔ 'vɛntə]
Wartesaal (m)	ventehall (m)	['vɛntə,hɑl]

| begleiten (vt) | å ta avskjed | [ɔ 'ta 'afˌsɛd] |
| sich verabschieden | å si farvel | [ɔ 'si far'vɛl] |

24. Flugzeug

Flugzeug (n)	fly (n)	['fly]
Flugticket (n)	flybillett (m)	['fly bi'let]
Fluggesellschaft (f)	flyselskap (n)	['flysəlˌskap]
Flughafen (m)	flyplass (m)	['flyˌplas]
Überschall-	overlyds-	['ɔveˌlyds-]

Flugkapitän (m)	kaptein (m)	[kap'tæjn]
Besatzung (f)	besetning (m/f)	[be'sɛtniŋ]
Pilot (m)	pilot (m)	[pi'lot]
Flugbegleiterin (f)	flyvertinne (m/f)	[flyvɛ:'ţinə]
Steuermann (m)	styrmann (m)	['styrˌman]

Flügel (pl)	vinger (m pl)	['viŋər]
Schwanz (m)	hale (m)	['halə]
Kabine (f)	cockpit, førerkabin (m)	['kɔkpit], ['førərkaˌbin]
Motor (m)	motor (m)	['motʊr]
Fahrgestell (n)	landingshjul (n)	['laniŋsˌjʉl]
Turbine (f)	turbin (m)	[tʉr'bin]
Propeller (m)	propell (m)	[prʊ'pɛl]
Flugschreiber (m)	svart boks (m)	['sva:ţ bɔks]
Steuerrad (n)	ratt (n)	['rat]
Treibstoff (m)	brensel (n)	['brɛnsəl]

Sicherheitskarte (f)	sikkerhetsbrosjyre (m)	['sikərhɛtsˌbrɔ'syrə]
Sauerstoffmaske (f)	oksygenmaske (m/f)	['ɔksygenˌmaskə]
Uniform (f)	uniform (m)	[ʉni'fɔrm]
Rettungsweste (f)	redningsvest (m)	['rɛdniŋsˌvɛst]
Fallschirm (m)	fallskjerm (m)	['falˌsærm]
Abflug, Start (m)	start (m)	['sta:ţ]
starten (vi)	å løfte	[ɔ 'lœftə]
Startbahn (f)	startbane (m)	['sta:ţˌbanə]

Sicht (f)	siktbarhet (m)	['siktbarˌhet]
Flug (m)	flyging (m/f)	['flygiŋ]
Höhe (f)	høyde (m)	['højdə]
Luftloch (n)	lufthull (n)	['lʉftˌhʉl]

Platz (m)	plass (m)	['plas]
Kopfhörer (m)	hodetelefoner (n pl)	['hodəteleˌfʊnər]
Klapptisch (m)	klappbord (n)	['klapˌbʊr]
Bullauge (n)	vindu (n)	['vindʉ]
Durchgang (m)	midtgang (m)	['mitˌgaŋ]

25. Zug

| Zug (m) | tog (n) | ['tɔg] |
| elektrischer Zug (m) | lokaltog (n) | [lɔ'kalˌtɔg] |

Schnellzug (m)	ekspresstog (n)	[ɛks'prɛsˌtɔg]
Diesellok (f)	diesellokomotiv (n)	['disəl lʊkɔmɔ'tiv]
Dampflok (f)	damplokomotiv (n)	['damp lʊkɔmɔ'tiv]
Personenwagen (m)	vogn (m)	['vɔŋn]
Speisewagen (m)	restaurantvogn (m/f)	[rɛstʊ'raŋˌvɔŋn]
Schienen (pl)	skinner (m/f pl)	['ʂinər]
Eisenbahn (f)	jernbane (m)	['jæːnˌbanə]
Bahnschwelle (f)	sville (m/f)	['svilə]
Bahnsteig (m)	perrong, plattform (m/f)	[pɛ'rɔŋ], ['platfɔrm]
Gleis (n)	spor (n)	['spʊr]
Eisenbahnsignal (n)	semafor (m)	[sema'fʊr]
Station (f)	stasjon (m)	[sta'ʂʊn]
Lokomotivführer (m)	lokfører (m)	['lʊkˌførər]
Träger (m)	bærer (m)	['bærər]
Schaffner (m)	betjent (m)	['be'tjɛnt]
Fahrgast (m)	passasjer (m)	[pasa'ʂɛr]
Fahrkartenkontrolleur (m)	billett inspektør (m)	[bi'let inspɛk'tør]
Flur (m)	korridor (m)	[kʊri'dɔr]
Notbremse (f)	nødbrems (m)	['nødˌbrɛms]
Abteil (n)	kupé (m)	[kʉ'pe]
Liegeplatz (m), Schlafkoje (f)	køye (m/f)	['køjə]
oberer Liegeplatz (m)	overkøye (m/f)	['ɔvərˌkøjə]
unterer Liegeplatz (m)	underkøye (m/f)	['ʉnərˌkøjə]
Bettwäsche (f)	sengetøy (n)	['sɛŋəˌtøj]
Fahrkarte (f)	billett (m)	[bi'let]
Fahrplan (m)	rutetabell (m)	['rʉtəˌta'bɛl]
Anzeigetafel (f)	informasjonstavle (m/f)	[informa'ʂʉns ˌtavlə]
abfahren (der Zug)	å avgå	[ɔ 'avgɔ]
Abfahrt (f)	avgang (m)	['avˌgaŋ]
ankommen (der Zug)	å ankomme	[ɔ 'anˌkɔmə]
Ankunft (f)	ankomst (m)	['anˌkɔmst]
mit dem Zug kommen	å ankomme med toget	[ɔ 'anˌkɔmə me 'tɔge]
in den Zug einsteigen	å gå på toget	[ɔ 'gɔ pɔ 'tɔge]
aus dem Zug aussteigen	å gå av toget	[ɔ 'gɔ aː 'tɔge]
Zugunglück (n)	togulykke (m/n)	['tɔg ʉ'lʏkə]
entgleisen (vi)	å spore av	[ɔ 'spʊrə aː]
Dampflok (f)	damplokomotiv (n)	['damp lʊkɔmɔ'tiv]
Heizer (m)	fyrbøter (m)	['fyrˌbøtər]
Feuerbüchse (f)	fyrrom (n)	['fyrˌrʊm]
Kohle (f)	kull (n)	['kʉl]

26. Schiff

Schiff (n)	skip (n)	['ʂip]
Fahrzeug (n)	fartøy (n)	['faːˌtøj]

Dampfer (m)	dampskip (n)	['damp,ʂip]
Motorschiff (n)	elvebåt (m)	['ɛlvə,bɔt]
Kreuzfahrtschiff (n)	cruiseskip (n)	['krʉs,ʂip]
Kreuzer (m)	krysser (m)	['krʏsər]
Jacht (f)	jakt (m/f)	['jakt]
Schlepper (m)	bukserbåt (m)	[bʉk'ser,bɔt]
Lastkahn (m)	lastepram (m)	['lastə,pram]
Fähre (f)	ferje, ferge (m/f)	['færjə], ['færgə]
Segelschiff (n)	seilbåt (n)	['sæjl,bɔt]
Brigantine (f)	brigantin (m)	[brigan'tin]
Eisbrecher (m)	isbryter (m)	['is,brytər]
U-Boot (n)	ubåt (m)	['ʉ:,bɔt]
Boot (n)	båt (m)	['bɔt]
Dingi (n), Beiboot (n)	jolle (m/f)	['jɔlə]
Rettungsboot (n)	livbåt (m)	['liv,bɔt]
Motorboot (n)	motorbåt (m)	['mɔtʊr,bɔt]
Kapitän (m)	kaptein (m)	[kap'tæjn]
Matrose (m)	matros (m)	[ma'trʊs]
Seemann (m)	sjømann (m)	['ʂø,man]
Besatzung (f)	besetning (m/f)	[be'sɛtniŋ]
Bootsmann (m)	båtsmann (m)	['bɔs,man]
Schiffsjunge (m)	skipsgutt, jungmann (m)	['ʂips,gʉt], ['jʉŋ,man]
Schiffskoch (m)	kokk (m)	['kʊk]
Schiffsarzt (m)	skipslege (m)	['ʂips,legə]
Deck (n)	dekk (n)	['dɛk]
Mast (m)	mast (m/f)	['mast]
Segel (n)	seil (n)	['sæjl]
Schiffsraum (m)	lasterom (n)	['lastə,rʊm]
Bug (m)	baug (m)	['bæu]
Heck (n)	akterende (m)	['aktə,rɛnə]
Ruder (n)	åre (m)	['o:rə]
Schraube (f)	propell (m)	[prʊ'pɛl]
Kajüte (f)	hytte (m)	['hʏte]
Messe (f)	offisersmesse (m/f)	[ɔfi'sɛrs,mɛsə]
Maschinenraum (m)	maskinrom (n)	[ma'ʂin,rʊm]
Kommandobrücke (f)	kommandobro (m/f)	[kɔ'mandʊ,brʊ]
Funkraum (m)	radiorom (n)	['radiʊ,rʊm]
Radiowelle (f)	bølge (m)	['bølgə]
Schiffstagebuch (n)	loggbok (m/f)	['lɔg,bʊk]
Fernrohr (n)	langkikkert (m)	['laŋ,kike:t]
Glocke (f)	klokke (m/f)	['klɔkə]
Fahne (f)	flagg (n)	['flag]
Seil (n)	trosse (m/f)	['trʊsə]
Knoten (m)	knute (m)	['knʉtə]
Geländer (n)	rekkverk (n)	['rɛk,værk]

Treppe (f)	landgang (m)	['lɑnˌgɑŋ]
Anker (m)	anker (n)	['ɑnkər]
den Anker lichten	å lette anker	[ɔ 'letə 'ɑnkər]
Anker werfen	å kaste anker	[ɔ 'kɑstə 'ɑnkər]
Ankerkette (f)	ankerkjetting (m)	['ɑnkərˌçɛtiŋ]

Hafen (m)	havn (m/f)	['hɑvn]
Anlegestelle (f)	kai (m/f)	['kɑj]
anlegen (vi)	å fortøye	[ɔ fɔː'tøjə]
abstoßen (vt)	å kaste loss	[ɔ 'kɑstə lɔs]

Reise (f)	reise (m/f)	['ræjsə]
Kreuzfahrt (f)	cruise (n)	['krʉs]
Kurs (m), Richtung (f)	kurs (m)	['kʉʂ]
Reiseroute (f)	rute (m/f)	['rʉtə]

Fahrwasser (n)	seilrende (m)	['sæjlˌrɛnə]
Untiefe (f)	grunne (m/f)	['grʉnə]
stranden (vi)	å gå på grunn	[ɔ 'gɔ pɔ 'grʉn]

Sturm (m)	storm (m)	['stɔrm]
Signal (n)	signal (n)	[siŋ'nɑl]
untergehen (vi)	å synke	[ɔ 'sʏnkə]
Mann über Bord!	Mann over bord!	['mɑn ˌɔvər 'bʉr]
SOS	SOS (n)	[ɛsʉ'ɛs]
Rettungsring (m)	livbøye (m/f)	['livˌbøjə]

STADT

27. Innerstädtischer Transport

Bus (m)	**buss** (m)	['bʉs]
Straßenbahn (f)	**trikk** (m)	['trik]
Obus (m)	**trolleybuss** (m)	['trɔli‚bʉs]
Linie (f)	**rute** (m/f)	['rʉtə]
Nummer (f)	**nummer** (n)	['nʉmər]

mit ... fahren	**å kjøre med ...**	[ɔ 'çœːrə me ...]
einsteigen (vi)	**å gå på ...**	[ɔ 'gɔ pɔ ...]
aussteigen (aus dem Bus)	**å gå av ...**	[ɔ 'gɔ ɑː ...]

Haltestelle (f)	**holdeplass** (m)	['hɔlə‚plɑs]
nächste Haltestelle (f)	**neste holdeplass** (m)	['nɛstə 'hɔlə‚plɑs]
Endhaltestelle (f)	**endestasjon** (m)	['ɛnə‚stɑ'ʂʉn]
Fahrplan (m)	**rutetabell** (m)	['rʉtə‚tɑ'bɛl]
warten (vi, vt)	**å vente**	[ɔ 'vɛntə]

Fahrkarte (f)	**billett** (m)	[bi'let]
Fahrpreis (m)	**billettpris** (m)	[bi'let‚pris]

Kassierer (m)	**kasserer** (m)	[kɑ'serər]
Fahrkartenkontrolle (f)	**billettkontroll** (m)	[bi'let kʉn‚trɔl]
Fahrkartenkontrolleur (m)	**billett inspektør** (m)	[bi'let inspɛk'tør]

sich verspäten	**å komme for sent**	[ɔ 'kɔmə fɔ'ʂɛnt]
versäumen (Zug usw.)	**å komme for sent til ...**	[ɔ 'kɔmə fɔ'ʂɛnt til ...]
sich beeilen	**å skynde seg**	[ɔ 'ʂynə sæj]

Taxi (n)	**drosje** (m/f), **taxi** (m)	['drɔʂɛ], ['tɑksi]
Taxifahrer (m)	**taxisjåfør** (m)	['tɑksi ʂɔ'før]
mit dem Taxi	**med taxi**	[me 'tɑksi]
Taxistand (m)	**taxiholdeplass** (m)	['tɑksi 'hɔlə‚plɑs]
ein Taxi rufen	**å taxi bestellen**	[ɔ 'tɑksi be'stɛlən]
ein Taxi nehmen	**å ta taxi**	[ɔ 'tɑ ‚tɑksi]

Straßenverkehr (m)	**trafikk** (m)	[trɑ'fik]
Stau (m)	**trafikkork** (m)	[trɑ'fik‚kɔrk]
Hauptverkehrszeit (f)	**rushtid** (m/f)	['rʉʂ‚tid]
parken (vi)	**å parkere**	[ɔ pɑr'kerə]
parken (vt)	**å parkere**	[ɔ pɑr'kerə]
Parkplatz (m)	**parkeringsplass** (m)	[pɑr'keriŋs‚plɑs]

U-Bahn (f)	**tunnelbane, T-bane** (m)	['tʉnəl‚bɑnə], ['tɛː‚bɑnə]
Station (f)	**stasjon** (m)	[stɑ'ʂʉn]
mit der U-Bahn fahren	**å kjøre med T-bane**	[ɔ 'çœːrə me 'tɛː‚bɑnə]
Zug (m)	**tog** (n)	['tɔg]
Bahnhof (m)	**togstasjon** (m)	['tɔg‚stɑ'ʂʉn]

28. Stadt. Leben in der Stadt

Stadt (f)	by (m)	['by]
Hauptstadt (f)	hovedstad (m)	['huvəd‚stad]
Dorf (n)	landsby (m)	['lɑns‚by]

Stadtplan (m)	bykart (n)	['by‚kɑːʈ]
Stadtzentrum (n)	sentrum (n)	['sɛntrum]
Vorort (m)	forstad (m)	['fɔ‚stad]
Vorort-	forstads-	['fɔ‚stads-]

Stadtrand (m)	utkant (m)	['ʉt‚kant]
Umgebung (f)	omegner (m pl)	['ɔm‚æjnər]
Stadtviertel (n)	kvarter (n)	[kvɑːʈer]
Wohnblock (m)	boligkvarter (n)	['bʉli‚kvɑːˈʈer]

Straßenverkehr (m)	trafikk (m)	[trɑˈfik]
Ampel (f)	trafikklys (n)	[trɑˈfik‚lys]
Stadtverkehr (m)	offentlig transport (m)	['ɔfentli trɑnsˈpɔːʈ]
Straßenkreuzung (f)	veikryss (n)	['væjkrʏs]

Übergang (m)	fotgjengerovergang (m)	['fʉtjɛŋər 'ɔvər‚gaŋ]
Fußgängerunterführung (f)	undergang (m)	['ʉnər‚gaŋ]
überqueren (vt)	å gå over	[ɔ 'gɔ 'ɔvər]
Fußgänger (m)	fotgjenger (m)	['fʉtjɛŋər]
Gehweg (m)	fortau (n)	['fɔː‚tau]

Brücke (f)	bro (m/f)	['brʉ]
Kai (m)	kai (m/f)	['kɑj]
Springbrunnen (m)	fontene (m)	['fʉntnə]

Allee (f)	allé (m)	[ɑˈleː]
Park (m)	park (m)	['pɑrk]
Boulevard (m)	bulevard (m)	[buleˈvar]
Platz (m)	torg (n)	['tɔr]
Avenue (f)	aveny (m)	[aveˈny]
Straße (f)	gate (m/f)	['gɑtə]
Gasse (f)	sidegate (m/f)	['sidə‚gatə]
Sackgasse (f)	blindgate (m/f)	['blin‚gatə]

Haus (n)	hus (n)	['hʉs]
Gebäude (n)	bygning (m/f)	['bʏgniŋ]
Wolkenkratzer (m)	skyskraper (m)	['sy‚skrapər]

Fassade (f)	fasade (m)	[fɑˈsadə]
Dach (n)	tak (n)	['tɑk]
Fenster (n)	vindu (n)	['vindʉ]
Bogen (m)	bue (m)	['bʉːə]
Säule (f)	søyle (m)	['søjlə]
Ecke (f)	hjørne (n)	['jœːɳə]

Schaufenster (n)	utstillingsvindu (n)	['ʉt‚stiliŋs 'vindʉ]
Firmenschild (n)	skilt (n)	['ʂilt]
Anschlag (m)	plakat (m)	[plɑˈkat]
Werbeposter (m)	reklameplakat (m)	[rɛˈklamə‚plɑˈkat]

Werbeschild (n)	reklametavle (m/f)	[rɛ'klaməˌtavlə]
Müll (m)	søppel (m/f/n), avfall (n)	['sœpəl], ['avˌfal]
Mülleimer (m)	søppelkasse (m/f)	['sœpəlˌkasə]
Abfall wegwerfen	å kaste søppel	[ɔ 'kastə 'sœpəl]
Mülldeponie (f)	søppelfylling (m/f), deponi (n)	['sœpəlˌfʏliŋ], [ˌdepo'ni]

Telefonzelle (f)	telefonboks (m)	[tele'funˌbɔks]
Straßenlaterne (f)	lyktestolpe (m)	['lʏktəˌstɔlpə]
Bank (Park-)	benk (m)	['bɛŋk]

Polizist (m)	politi (m)	[puli'ti]
Polizei (f)	politi (n)	[puli'ti]
Bettler (m)	tigger (m)	['tigər]
Obdachlose (m)	hjemløs	['jɛmˌløs]

29. Innerstädtische Einrichtungen

Laden (m)	forretning, butikk (m)	[fo'rɛtniŋ], [bʉ'tik]
Apotheke (f)	apotek (n)	[apʉ'tek]
Optik (f)	optikk (m)	[ɔp'tik]
Einkaufszentrum (n)	kjøpesenter (n)	['çœpəˌsɛntər]
Supermarkt (m)	supermarked (n)	['sʉpəˌmarket]

Bäckerei (f)	bakeri (n)	[bake'ri]
Bäcker (m)	baker (m)	['bakər]
Konditorei (f)	konditori (n)	[kʉnditɔ'ri]
Lebensmittelladen (m)	matbutikk (m)	['matbʉˌtik]
Metzgerei (f)	slakterbutikk (m)	['ʂlaktəbʉˌtik]

| Gemüseladen (m) | grønnsaksbutikk (m) | ['grœnˌsaks bʉ'tik] |
| Markt (m) | marked (n) | ['markəd] |

Kaffeehaus (n)	kafé, kaffebar (m)	[ka'fe], ['kafəˌbar]
Restaurant (n)	restaurant (m)	[rɛstʉ'raŋ]
Bierstube (f)	pub (m)	['pʉb]
Pizzeria (f)	pizzeria (m)	[pitsə'ria]

Friseursalon (m)	frisørsalong (m)	[fri'sør saˌlɔŋ]
Post (f)	post (m)	['pɔst]
chemische Reinigung (f)	renseri (n)	[rɛnse'ri]
Fotostudio (n)	fotostudio (n)	['fotoˌstʉdiɔ]

Schuhgeschäft (n)	skobutikk (m)	['skʉˌbʉ'tik]
Buchhandlung (f)	bokhandel (m)	['bʉkˌhandəl]
Sportgeschäft (n)	idrettsbutikk (m)	['idrɛts bʉ'tik]

Kleiderreparatur (f)	reparasjon (m) av klær	[reparɑ'ʂun ɑː ˌklær]
Bekleidungsverleih (m)	leie (m/f) av klær	['læjə ɑː ˌklær]
Videothek (f)	filmutleie (m/f)	['filmˌʉt'læje]

Zirkus (m)	sirkus (m/n)	['sirkʉs]
Zoo (m)	zoo, dyrepark (m)	['sʉː], [dyrə'park]
Kino (n)	kino (m)	['çinʉ]
Museum (n)	museum (n)	[mʉ'seum]

Bibliothek (f)	bibliotek (n)	[bibliʊ'tek]
Theater (n)	teater (n)	[te'ɑtər]
Opernhaus (n)	opera (m)	['ʊperɑ]
Nachtklub (m)	nattklubb (m)	['nɑtˌklʊb]
Kasino (n)	kasino (n)	[kɑ'sinʊ]
Moschee (f)	moské (m)	[mʊ'ske]
Synagoge (f)	synagoge (m)	[synɑ'gʊgə]
Kathedrale (f)	katedral (m)	[kate'drɑl]
Tempel (m)	tempel (n)	['tɛmpəl]
Kirche (f)	kirke (m/f)	['çirkə]
Institut (n)	institutt (n)	[insti'tʊt]
Universität (f)	universitet (n)	[ʉnivæʂi'tet]
Schule (f)	skole (m/f)	['skʊlə]
Präfektur (f)	prefektur (n)	[prɛfɛk'tʊr]
Rathaus (n)	rådhus (n)	['rɔdˌhʉs]
Hotel (n)	hotell (n)	[hʊ'tɛl]
Bank (f)	bank (m)	['bɑnk]
Botschaft (f)	ambassade (m)	[ɑmbɑ'sɑdə]
Reisebüro (n)	reisebyrå (n)	['ræjsə byˌrɔ]
Informationsbüro (n)	opplysningskontor (n)	[ɔp'lʏsniŋs kʊn'tʊr]
Wechselstube (f)	vekslingskontor (n)	['vɛkʂliŋs kʊn'tʊr]
U-Bahn (f)	tunnelbane, T-bane (m)	['tʉnəlˌbɑnə], ['tɛːˌbɑnə]
Krankenhaus (n)	sykehus (n)	['sykəˌhʉs]
Tankstelle (f)	bensinstasjon (m)	[bɛn'sinˌstɑ'ʂʊn]
Parkplatz (m)	parkeringsplass (m)	[pɑr'keriŋsˌplɑs]

30. Schilder

Firmenschild (n)	skilt (n)	['ʂilt]
Aufschrift (f)	innskrift (m/f)	['inˌskrift]
Plakat (n)	plakat, poster (m)	['plɑˌkɑt], ['pɔstər]
Wegweiser (m)	veiviser (m)	['væjˌvisər]
Pfeil (m)	pil (m/f)	['pil]
Vorsicht (f)	advarsel (m)	['ɑdˌvɑʂəl]
Warnung (f)	varselskilt (n)	['vɑʂəlˌʂilt]
warnen (vt)	å varsle	[ɔ 'vɑʂlə]
freier Tag (m)	fridag (m)	['friˌdɑ]
Fahrplan (m)	rutetabell (m)	['rʉtəˌtɑ'bɛl]
Öffnungszeiten (pl)	åpningstider (m/f pl)	['ɔpniŋsˌtidər]
HERZLICH WILLKOMMEN!	VELKOMMEN!	['vɛlˌkɔmən]
EINGANG	INNGANG	['inˌgɑŋ]
AUSGANG	UTGANG	['ʉtˌgɑŋ]
DRÜCKEN	SKYV	['ʂyv]
ZIEHEN	TREKK	['trɛk]

| GEÖFFNET | ÅPENT | ['ɔpənt] |
| GESCHLOSSEN | STENGT | ['stɛŋt] |

| DAMEN, FRAUEN | DAMER | ['damər] |
| HERREN, MÄNNER | HERRER | ['hærər] |

AUSVERKAUF	RABATT	[ra'bat]
REDUZIERT	SALG	['salg]
NEU!	NYTT!	['nʏt]
GRATIS	GRATIS	['gratis]

ACHTUNG!	FORSIKTIG!	[fʊ'ʂiktə]
ZIMMER BELEGT	INGEN LEDIGE ROM	['iŋən 'lediə rʊm]
RESERVIERT	RESERVERT	[resɛr'vɛ:t]

| VERWALTUNG | ADMINISTRASJON | [administra'ʂʊn] |
| NUR FÜR PERSONAL | KUN FOR ANSATTE | ['kʉn fɔr an'satə] |

VORSICHT BISSIGER HUND	VOKT DEM FOR HUNDEN	['vɔkt dem fɔ 'hʉnən]
RAUCHEN VERBOTEN!	RØYKING FORBUDT	['røjkiŋ fɔr'bʉt]
BITTE NICHT BERÜHREN	IKKE RØR!	['ikə 'rør]

GEFÄHRLICH	FARLIG	['fɑ:ḽi]
VORSICHT!	FARE	['farə]
HOCHSPANNUNG	HØYSPENNING	['høj‚spɛniŋ]
BADEN VERBOTEN	BADING FORBUDT	['badiŋ fɔr'bʉt]
AUßER BETRIEB	I USTAND	[i 'ʉ‚stan]

LEICHTENTZÜNDLICH	BRANNFARLIG	['bran‚fɑ:ḽi]
VERBOTEN	FORBUDT	[fɔr'bʉt]
DURCHGANG VERBOTEN	INGEN INNKJØRING	['iŋən 'in‚çœriŋ]
FRISCH GESTRICHEN	NYMALT	['nʏ‚malt]

31. Shopping

kaufen (vt)	å kjøpe	[ɔ 'çœ:pə]
Einkauf (m)	innkjøp (n)	['in‚çœp]
einkaufen gehen	å gå shopping	[ɔ 'gɔ ‚ʂɔpiŋ]
Einkaufen (n)	shopping (m)	['ʂɔpiŋ]

| offen sein (Laden) | å være åpen | [ɔ 'værə 'ɔpən] |
| zu sein | å være stengt | [ɔ 'værə 'stɛŋt] |

Schuhe (pl)	skotøy (n)	['skʊtøj]
Kleidung (f)	klær (n)	['klær]
Kosmetik (f)	kosmetikk (m)	[kʊsme'tik]
Lebensmittel (pl)	matvarer (m/f pl)	['mat‚varər]
Geschenk (n)	gave (m/f)	['gavə]

Verkäufer (m)	forselger (m)	[fɔ'ʂɛlər]
Verkäuferin (f)	forselger (m)	[fɔ'ʂɛlər]
Kasse (f)	kasse (m/f)	['kasə]
Spiegel (m)	speil (n)	['spæjl]

| Ladentisch (m) | disk (m) | ['disk] |
| Umkleidekabine (f) | prøverom (n) | ['prøvə,rʊm] |

anprobieren (vt)	å prøve	[ɔ 'prøvə]
passen (Schuhe, Kleid)	å passe	[ɔ 'pɑsə]
gefallen (vi)	å like	[ɔ 'likə]

Preis (m)	pris (m)	['pris]
Preisschild (n)	prislapp (m)	['pris,lɑp]
kosten (vt)	å koste	[ɔ 'kɔstə]
Wie viel?	Hvor mye?	[vʊr 'mye]
Rabatt (m)	rabatt (m)	[rɑ'bɑt]

preiswert	billig	['bili]
billig	billig	['bili]
teuer	dyr	['dyr]
Das ist teuer	Det er dyrt	[de ær 'dy:t]

Verleih (m)	utleie (m/f)	['ʉt,læjə]
leihen, mieten (ein Auto usw.)	å leie	[ɔ 'læjə]
Kredit (m), Darlehen (n)	kreditt (m)	[krɛ'dit]
auf Kredit	på kreditt	[pɔ krɛ'dit]

KLEIDUNG & ACCESSOIRES

32. Oberbekleidung. Mäntel

Kleidung (f)	klær (n)	['klær]
Oberkleidung (f)	yttertøy (n)	['ytə͵tøj]
Winterkleidung (f)	vinterklær (n pl)	['vintər͵klær]
Mantel (m)	frakk (m), kåpe (m/f)	['frɑk], ['koːpə]
Pelzmantel (m)	pels (m), pelskåpe (m/f)	['pɛls], ['pɛls͵koːpə]
Pelzjacke (f)	pelsjakke (m/f)	['pɛls͵jakə]
Daunenjacke (f)	dunjakke (m/f)	['dʉn͵jakə]
Jacke (z.B. Lederjacke)	jakke (m/f)	['jakə]
Regenmantel (m)	regnfrakk (m)	['ræjn͵frɑk]
wasserdicht	vanntett	['vɑn͵tɛt]

33. Herren- & Damenbekleidung

Hemd (n)	skjorte (m/f)	['ʂɔː͵tə]
Hose (f)	bukse (m)	['bʉksə]
Jeans (pl)	jeans (m)	['dʒins]
Jackett (n)	dressjakke (m/f)	['drɛs͵jakə]
Anzug (m)	dress (m)	['drɛs]
Damenkleid (n)	kjole (m)	['çʉlə]
Rock (m)	skjørt (n)	['ʂøːt]
Bluse (f)	bluse (m)	['blʉsə]
Strickjacke (f)	strikket trøye (m/f)	['strikə 'trøjə]
Jacke (Damen Kostüm)	blazer (m)	['blæsər]
T-Shirt (n)	T-skjorte (m/f)	['te͵ʂɔː͵tə]
Shorts (pl)	shorts (m)	['ʂɔːts]
Sportanzug (m)	treningsdrakt (m/f)	['treniŋs͵drakt]
Bademantel (m)	badekåpe (m/f)	['badə͵koːpə]
Schlafanzug (m)	pyjamas (m)	[py'ʂamɑs]
Sweater (m)	sweater (m)	['svɛtər]
Pullover (m)	pullover (m)	[pʉ'lovər]
Weste (f)	vest (m)	['vɛst]
Frack (m)	livkjole (m)	['liv͵çʉlə]
Smoking (m)	smoking (m)	['smɔkiŋ]
Uniform (f)	uniform (m)	[ʉni'fɔrm]
Arbeitskleidung (f)	arbeidsklær (n pl)	['ɑrbæjds͵klær]
Overall (m)	kjeledress, overall (m)	['çelə͵drɛs], ['ovɛr͵ɔl]
Kittel (z.B. Arztkittel)	kittel (m)	['çitəl]

34. Kleidung. Unterwäsche

Unterwäsche (f)	undertøy (n)	['ʉnəˌtøj]
Herrenslip (m)	underbukse (m/f)	['ʉnərˌbʉksə]
Damenslip (m)	truse (m/f)	['trʉsə]
Unterhemd (n)	undertrøye (m/f)	['ʉnəˌtrøjə]
Socken (pl)	sokker (m pl)	['sɔkər]
Nachthemd (n)	nattkjole (m)	['natˌçʉlə]
Büstenhalter (m)	behå (m)	['beˌhɔ]
Kniestrümpfe (pl)	knestrømper (m/f pl)	['knɛˌstrømpər]
Strumpfhose (f)	strømpebukse (m/f)	['strømpəˌbʉksə]
Strümpfe (pl)	strømper (m/f pl)	['strømpər]
Badeanzug (m)	badedrakt (m/f)	['badəˌdrakt]

35. Kopfbekleidung

Mütze (f)	hatt (m)	['hat]
Filzhut (m)	hatt (m)	['hat]
Baseballkappe (f)	baseball cap (m)	['bɛjsbɔl kɛp]
Schiebermütze (f)	sikspens (m)	['sikspens]
Baskenmütze (f)	alpelue, baskerlue (m/f)	['alpəˌlʉə], ['baskəˌlʉə]
Kapuze (f)	hette (m/f)	['hɛtə]
Panamahut (m)	panamahatt (m)	['panamaˌhat]
Strickmütze (f)	strikket lue (m/f)	['strikəˌlʉə]
Kopftuch (n)	skaut (n)	['skaʉt]
Damenhut (m)	hatt (m)	['hat]
Schutzhelm (m)	hjelm (m)	['jɛlm]
Feldmütze (f)	båtlue (m/f)	['bɔtˌlʉə]
Helm (z.B. Motorradhelm)	hjelm (m)	['jɛlm]
Melone (f)	bowlerhatt, skalk (m)	['bɔulerˌhat], ['skalk]
Zylinder (m)	flosshatt (m)	['flɔsˌhat]

36. Schuhwerk

Schuhe (pl)	skotøy (n)	['skʉtøj]
Stiefeletten (pl)	skor (m pl)	['skʉr]
Halbschuhe (pl)	pumps (m pl)	['pʉmps]
Stiefel (pl)	støvler (m pl)	['støvlər]
Hausschuhe (pl)	tøfler (m pl)	['tøflər]
Tennisschuhe (pl)	tennissko (m pl)	['tɛnisˌskʉ]
Leinenschuhe (pl)	canvas sko (m pl)	['kanvas ˌskʉ]
Sandalen (pl)	sandaler (m pl)	[san'dalər]
Schuster (m)	skomaker (m)	['skʉˌmakər]
Absatz (m)	hæl (m)	['hæl]

Paar (n)	**par** (n)	['par]
Schnürsenkel (m)	**skolisse** (m/f)	['sku‚lisə]
schnüren (vt)	**å snøre**	[ɔ 'snørə]
Schuhlöffel (m)	**skohorn** (n)	['sku‚huːɳ]
Schuhcreme (f)	**skokrem** (m)	['sku‚krɛm]

37. Persönliche Accessoires

Handschuhe (pl)	**hansker** (m pl)	['hanskər]
Fausthandschuhe (pl)	**votter** (m pl)	['votər]
Schal (Kaschmir-)	**skjerf** (n)	['ʂærf]
Brille (f)	**briller** (m pl)	['brilər]
Brillengestell (n)	**innfatning** (m/f)	['in‚fatniŋ]
Regenschirm (m)	**paraply** (m)	[para'ply]
Spazierstock (m)	**stokk** (m)	['stɔk]
Haarbürste (f)	**hårbørste** (m)	['hor‚bœʂtə]
Fächer (m)	**vifte** (m/f)	['viftə]
Krawatte (f)	**slips** (n)	['slips]
Fliege (f)	**sløyfe** (m/f)	['sløjfə]
Hosenträger (pl)	**bukseseler** (m pl)	['buksə'selər]
Taschentuch (n)	**lommetørkle** (n)	['lumə‚tœrklə]
Kamm (m)	**kam** (m)	['kam]
Haarspange (f)	**hårspenne** (m/f/n)	['hoːr‚spɛnə]
Haarnadel (f)	**hårnål** (m/f)	['hoːr‚nol]
Schnalle (f)	**spenne** (m/f/n)	['spɛnə]
Gürtel (m)	**belte** (m)	['bɛltə]
Umhängegurt (m)	**skulderreim, rem** (m/f)	['skuldə‚ræjm], ['rem]
Tasche (f)	**veske** (m/f)	['vɛskə]
Handtasche (f)	**håndveske** (m/f)	['hon‚vɛskə]
Rucksack (m)	**ryggsekk** (m)	['ryg‚sɛk]

38. Kleidung. Verschiedenes

Mode (f)	**mote** (m)	['mutə]
modisch	**moteriktig**	['mutə‚rikti]
Modedesigner (m)	**moteskaper** (m)	['mutə‚skapər]
Kragen (m)	**krage** (m)	['kragə]
Tasche (f)	**lomme** (m/f)	['lumə]
Taschen-	**lomme-**	['lumə-]
Ärmel (m)	**erme** (n)	['ærmə]
Aufhänger (m)	**hempe** (m)	['hɛmpə]
Hosenschlitz (m)	**gylf, buksesmekk** (m)	['gylf], ['buksə‚smɛk]
Reißverschluss (m)	**glidelås** (m/n)	['glidə‚lɔs]
Verschluss (m)	**hekte** (m/f), **knepping** (m)	['hɛktə], ['knɛpiŋ]
Knopf (m)	**knapp** (m)	['knap]

Knopfloch (n)	klapphull (n)	['klɑpˌhʉl]
abgehen (Knopf usw.)	å falle av	[ɔ 'falə ɑ:]
nähen (vi, vt)	å sy	[ɔ 'sy]
sticken (vt)	å brodere	[ɔ brʉ'derə]
Stickerei (f)	broderi (n)	[brʉde'ri]
Nadel (f)	synål (m/f)	['syˌnɔl]
Faden (m)	tråd (m)	['trɔ]
Naht (f)	søm (m)	['søm]
sich beschmutzen	å skitne seg til	[ɔ 'ʂitnə sæj til]
Fleck (m)	flekk (m)	['flek]
sich knittern	å bli skrukkete	[ɔ 'bli 'skrʉketə]
zerreißen (vt)	å rive	[ɔ 'rivə]
Motte (f)	møll (m/n)	['møl]

39. Kosmetikartikel. Kosmetik

Zahnpasta (f)	tannpasta (m)	['tanˌpasta]
Zahnbürste (f)	tannbørste (m)	['tanˌbœʂtə]
Zähne putzen	å pusse tennene	[ɔ 'pʉsə 'tɛnənə]
Rasierer (m)	høvel (m)	['høvəl]
Rasiercreme (f)	barberkrem (m)	[bar'bɛrˌkrɛm]
sich rasieren	å barbere seg	[ɔ bar'berə sæj]
Seife (f)	såpe (m/f)	['so:pə]
Shampoo (n)	sjampo (m)	['ʂamˌpʉ]
Schere (f)	saks (m/f)	['saks]
Nagelfeile (f)	neglefil (m/f)	['nɛjləˌfil]
Nagelzange (f)	negleklipper (m)	['nɛjləˌklipər]
Pinzette (f)	pinsett (m)	[pin'sɛt]
Kosmetik (f)	kosmetikk (m)	[kʉsme'tik]
Gesichtsmaske (f)	ansiktsmaske (m/f)	['ansiktsˌmaskə]
Maniküre (f)	manikyr (m)	[mani'kyr]
Maniküre machen	å få manikyr	[ɔ 'fɔ mani'kyr]
Pediküre (f)	pedikyr (m)	[pedi'kyr]
Kosmetiktasche (f)	sminkeveske (m/f)	['sminkəˌvɛskə]
Puder (m)	pudder (n)	['pʉdər]
Puderdose (f)	pudderdåse (m)	['pʉdərˌdo:sə]
Rouge (n)	rouge (m)	['ru:ʂ]
Parfüm (n)	parfyme (m)	[par'fymə]
Duftwasser (n)	eau de toilette (m)	['ɔ: də twa'let]
Lotion (f)	lotion (m)	['loʉʂɛn]
Kölnischwasser (n)	eau de cologne (m)	['ɔ: də kɔ'lɔn]
Lidschatten (m)	øyeskygge (m)	['øjəˌʂygə]
Kajalstift (m)	eyeliner (m)	['a:jˌlajnər]
Wimperntusche (f)	maskara (m)	[ma'skara]
Lippenstift (m)	leppestift (m)	['lepəˌstift]

Nagellack (m)	neglelakk (m)	['nɛjlə,lak]
Haarlack (m)	hårlakk (m)	['hoːr,lak]
Deodorant (n)	deodorant (m)	[deudʊ'rant]
Creme (f)	krem (m)	['krɛm]
Gesichtscreme (f)	ansiktskrem (m)	['ansikts,krɛm]
Handcreme (f)	håndkrem (m)	['hɔn,krɛm]
Anti-Falten-Creme (f)	antirynkekrem (m)	[anti'rʏnkə,krɛm]
Tagescreme (f)	dagkrem (m)	['dag,krɛm]
Nachtcreme (f)	nattkrem (m)	['nat,krɛm]
Tages-	dag-	['dag-]
Nacht-	natt-	['nat-]
Tampon (m)	tampong (m)	[tam'pɔŋ]
Toilettenpapier (n)	toalettpapir (n)	[tʊa'let pa'pir]
Föhn (m)	hårføner (m)	['hoːr,fønər]

40. Armbanduhren Uhren

Armbanduhr (f)	armbåndsur (n)	['armbɔns,ʉr]
Zifferblatt (n)	urskive (m/f)	['ʉː,ʂivə]
Zeiger (m)	viser (m)	['visər]
Metallarmband (n)	armbånd (n)	['arm,bɔn]
Uhrenarmband (n)	rem (m/f)	['rem]
Batterie (f)	batteri (n)	[batɛ'ri]
verbraucht sein	å bli utladet	[ɔ 'bli 'ʉt,ladət]
die Batterie wechseln	å skifte batteriene	[ɔ 'ʂiftə batɛ'riene]
vorgehen (vi)	å gå for fort	[ɔ 'gɔ fɔ 'foːt]
nachgehen (vi)	å gå for sakte	[ɔ 'gɔ fɔ 'saktə]
Wanduhr (f)	veggur (n)	['vɛg,ʉr]
Sanduhr (f)	timeglass (n)	['timə,glas]
Sonnenuhr (f)	solur (n)	['sʊl,ʉr]
Wecker (m)	vekkerklokka (m/f)	['vɛkər,klɔka]
Uhrmacher (m)	urmaker (m)	['ʉr,makər]
reparieren (vt)	å reparere	[ɔ repa'rerə]

ALLTAGSERFAHRUNG

41. Geld

Geld (n)	penger (m pl)	['pɛŋər]
Austausch (m)	veksling (m/f)	['vɛkʂliŋ]
Kurs (m)	kurs (m)	['kuʂ]
Geldautomat (m)	minibank (m)	['mini,bank]
Münze (f)	mynt (m)	['mʏnt]
Dollar (m)	dollar (m)	['dɔlɑr]
Euro (m)	euro (m)	['ɛʉrʊ]
Lira (f)	lira (m)	['lire]
Mark (f)	mark (m/f)	['mɑrk]
Franken (m)	franc (m)	['frɑn]
Pfund Sterling (n)	pund sterling (m)	['pʉn stɛ:'liŋ]
Yen (m)	yen (m)	['jɛn]
Schulden (pl)	skyld (m/f), gjeld (m)	['ʂʏl], ['jɛl]
Schuldner (m)	skyldner (m)	['ʂʏlnər]
leihen (vt)	å låne ut	[ɔ 'loːnə ʉt]
leihen, borgen (Geld usw.)	å låne	[ɔ 'loːnə]
Bank (f)	bank (m)	['bɑnk]
Konto (n)	konto (m)	['kɔntʊ]
einzahlen (vt)	å sette inn	[ɔ 'sɛtə in]
auf ein Konto einzahlen	å sette inn på kontoen	[ɔ 'sɛtə in pɔ 'kɔntʊən]
abheben (vt)	å ta ut fra kontoen	[ɔ 'tɑ ʉt frɑ 'kɔntʊən]
Kreditkarte (f)	kredittkort (n)	[krɛ'dit,kɔːt]
Bargeld (n)	kontanter (m pl)	[kun'tantər]
Scheck (m)	sjekk (m)	['ʂɛk]
einen Scheck schreiben	å skrive en sjekk	[ɔ 'skrivə en 'ʂɛk]
Scheckbuch (n)	sjekkbok (m/f)	['ʂɛk,bʊk]
Geldtasche (f)	lommebok (m)	['lʊmə,bʊk]
Geldbeutel (m)	pung (m)	['pʉŋ]
Safe (m)	safe, seif (m)	['sɛjf]
Erbe (m)	arving (m)	['ɑrviŋ]
Erbschaft (f)	arv (m)	['ɑrv]
Vermögen (n)	formue (m)	['fɔr,mʉə]
Pacht (f)	leie (m)	['læjə]
Miete (f)	husleie (m/f)	['hʉs,læjə]
mieten (vt)	å leie	[ɔ 'læjə]
Preis (m)	pris (m)	['pris]
Kosten (pl)	kostnad (m)	['kɔstnɑd]

Summe (f)	sum (m)	['sʉm]
ausgeben (vt)	å bruke	[ɔ 'brʉkə]
Ausgaben (pl)	utgifter (m/f pl)	['ʉtˌjiftər]
sparen (vt)	å spare	[ɔ 'sparə]
sparsam	sparsom	['spaʂɔm]

zahlen (vt)	å betale	[ɔ be'talə]
Lohn (m)	betaling (m/f)	[be'taliŋ]
Wechselgeld (n)	vekslepenger (pl)	['vɛkʂləˌpɛŋər]

Steuer (f)	skatt (m)	['skat]
Geldstrafe (f)	bot (m/f)	['bʉt]
bestrafen (vt)	å bøtelegge	[ɔ 'bøtəˌlegə]

42. Post. Postdienst

Post (Postamt)	post (m)	['pɔst]
Post (Postsendungen)	post (m)	['pɔst]
Briefträger (m)	postbud (n)	['pɔstˌbʉd]
Öffnungszeiten (pl)	åpningstider (m/f pl)	['ɔpniŋsˌtidər]

Brief (m)	brev (n)	['brev]
Einschreibebrief (m)	rekommandert brev (n)	[rekʉman'dɛːt ˌbrev]
Postkarte (f)	postkort (n)	['pɔstˌkɔːt]
Telegramm (n)	telegram (n)	[tele'gram]
Postpaket (n)	postpakke (m/f)	['pɔstˌpakə]
Geldanweisung (f)	pengeoverføring (m/f)	['pɛŋə 'ɔvərˌføriŋ]

bekommen (vt)	å motta	[ɔ 'mɔta]
abschicken (vt)	å sende	[ɔ 'sɛnə]
Absendung (f)	avsending (m)	['afˌsɛniŋ]
Postanschrift (f)	adresse (m)	[a'drɛsə]
Postleitzahl (f)	postnummer (n)	['pɔstˌnʉmər]
Absender (m)	avsender (m)	['afˌsɛnər]
Empfänger (m)	mottaker (m)	['mɔtˌtakər]

Vorname (m)	fornavn (n)	['fɔrˌnavn]
Nachname (m)	etternavn (n)	['ɛtəˌnavn]
Tarif (m)	tariff (m)	[ta'rif]
Standard- (Tarif)	vanlig	['vanli]
Spar- (-tarif)	økonomisk	[økʉ'nɔmisk]

Gewicht (n)	vekt (m)	['vɛkt]
abwiegen (vt)	å veie	[ɔ 'væje]
Briefumschlag (m)	konvolutt (m)	[kʉnvʉ'lʉt]
Briefmarke (f)	frimerke (n)	['friˌmærkə]
Briefmarke aufkleben	å sette på frimerke	[ɔ 'sɛtə pɔ 'friˌmærkə]

43. Bankgeschäft

| Bank (f) | bank (m) | ['bank] |
| Filiale (f) | avdeling (m) | ['avˌdeliŋ] |

Berater (m)	konsulent (m)	[kʊnsʉ'lent]
Leiter (m)	forstander (m)	[fɔ'ʂtandər]
Konto (n)	bankkonto (m)	['baŋk‚kɔntʊ]
Kontonummer (f)	kontonummer (n)	['kɔntʊ‚nʉmər]
Kontokorrent (n)	sjekkonto (m)	['ʂɛk‚kɔntʊ]
Sparkonto (n)	sparekonto (m)	['sparə‚kɔntʊ]
ein Konto eröffnen	å åpne en konto	[ɔ 'ɔpnə en 'kɔntʊ]
das Konto schließen	å lukke kontoen	[ɔ 'lʉkə 'kɔntʊən]
einzahlen (vt)	å sette inn på kontoen	[ɔ 'sɛtə in pɔ 'kɔntʊən]
abheben (vt)	å ta ut fra kontoen	[ɔ 'ta ʉt fra 'kɔntʊən]
Einzahlung (f)	innskudd (n)	['in‚skʉd]
eine Einzahlung machen	å sette inn	[ɔ 'sɛtə in]
Überweisung (f)	overføring (m/f)	['ɔvər‚føriŋ]
überweisen (vt)	å overføre	[ɔ 'ɔvər‚førə]
Summe (f)	sum (m)	['sʉm]
Wieviel?	Hvor mye?	[vʊr 'mye]
Unterschrift (f)	underskrift (m/f)	['ʉnə‚skrift]
unterschreiben (vt)	å underskrive	[ɔ 'ʉnə‚skrivə]
Kreditkarte (f)	kredittkort (n)	[krɛ'dit‚kɔːt]
Code (m)	kode (m)	['kʉdə]
Kreditkartennummer (f)	kreditkortnummer (n)	[krɛ'dit‚kɔːt 'nʉmər]
Geldautomat (m)	minibank (m)	['mini‚baŋk]
Scheck (m)	sjekk (m)	['ʂɛk]
einen Scheck schreiben	å skrive en sjekk	[ɔ 'skrivə en 'ʂɛk]
Scheckbuch (n)	sjekkbok (m/f)	['ʂɛk‚bʊk]
Darlehen (m)	lån (n)	['lɔn]
ein Darlehen beantragen	å søke om lån	[ɔ ‚søkə ɔm 'lɔn]
ein Darlehen aufnehmen	å få lån	[ɔ 'fɔ 'lɔn]
ein Darlehen geben	å gi lån	[ɔ 'ji 'lɔn]
Sicherheit (f)	garanti (m)	[garan'ti]

44. Telefon. Telefongespräche

Telefon (n)	telefon (m)	[tele'fʉn]
Mobiltelefon (n)	mobiltelefon (m)	[mʊ'bil tele'fʉn]
Anrufbeantworter (m)	telefonsvarer (m)	[tele'fʉn‚svarər]
anrufen (vt)	å ringe	[ɔ 'riŋə]
Anruf (m)	telefonsamtale (m)	[tele'fʉn 'sam‚talə]
eine Nummer wählen	å slå et nummer	[ɔ 'ʂlɔ et 'nʉmər]
Hallo!	Hallo!	[ha'lʊ]
fragen (vt)	å spørre	[ɔ 'spørə]
antworten (vi)	å svare	[ɔ 'svarə]
hören (vt)	å høre	[ɔ 'hørə]
gut (~ aussehen)	godt	['gɔt]

schlecht (Adv)	dårlig	['doː[i]
Störungen (pl)	støy (m)	['støj]

Hörer (m)	telefonrør (n)	[tele'fʊnˌrør]
den Hörer abnehmen	å ta telefonen	[ɔ 'ta tele'fʊnən]
auflegen (den Hörer ~)	å legge på røret	[ɔ 'legə pɔ 'røre]

besetzt	opptatt	['ɔpˌtat]
läuten (vi)	å ringe	[ɔ 'riŋə]
Telefonbuch (n)	telefonkatalog (m)	[tele'fʊn kata'lɔg]

Orts-	lokal-	[lɔ'kal-]
Ortsgespräch (n)	lokalsamtale (m)	[lɔ'kal 'samˌtalə]
Auslands-	internasjonal	['intɛːŋaʂʊˌnal]
Auslandsgespräch (n)	internasjonal samtale (m)	['intɛːŋaʂʊˌnal 'samˌtalə]
Fern-	riks-	['riks-]
Ferngespräch (n)	rikssamtale (m)	['riks 'samˌtalə]

45. Mobiltelefon

Mobiltelefon (n)	mobiltelefon (m)	[mʊ'bil tele'fʊn]
Display (n)	skjerm (m)	['ʂærm]
Knopf (m)	knapp (m)	['knap]
SIM-Karte (f)	SIM-kort (n)	['simˌkɔːʈ]

Batterie (f)	batteri (n)	[batɛ'ri]
leer sein (Batterie)	å bli utladet	[ɔ 'bli 'ʉtˌladət]
Ladegerät (n)	lader (m)	['ladər]

Menü (n)	meny (m)	[me'ny]
Einstellungen (pl)	innstillinger (m/f pl)	['inˌstiliŋər]
Melodie (f)	melodi (m)	[melɔ'di]
auswählen (vt)	å velge	[ɔ 'vɛlgə]

Rechner (m)	regnemaskin (m)	['rɛjnə maˌʂin]
Anrufbeantworter (m)	telefonsvarer (m)	[tele'fʊnˌsvarər]
Wecker (m)	vekkerklokka (m/f)	['vɛkərˌklɔka]
Kontakte (pl)	kontakter (m pl)	[kʊn'taktər]

SMS-Nachricht (f)	SMS-beskjed (m)	[ɛsɛm'ɛs bɛˌʂɛ]
Teilnehmer (m)	abonnent (m)	[abɔ'nɛnt]

46. Bürobedarf

Kugelschreiber (m)	kulepenn (m)	['kʉːləˌpɛn]
Federhalter (m)	fyllepenn (m)	['fʏləˌpɛn]

Bleistift (m)	blyant (m)	['blyˌant]
Faserschreiber (m)	merkepenn (m)	['mærkəˌpɛn]
Filzstift (m)	tusjpenn (m)	['tʉʂˌpɛn]
Notizblock (m)	notatbok (m/f)	[nʊ'tatˌbʊk]
Terminkalender (m)	dagbok (m/f)	['dagˌbʊk]

Lineal (n)	linjal (m)	[li'njɑl]
Rechner (m)	regnemaskin (m)	['rɛjnə mɑˌʂin]
Radiergummi (m)	viskelær (n)	['viskəˌlær]
Reißzwecke (f)	tegnestift (m)	['tæjnəˌstift]
Heftklammer (f)	binders (m)	['bindɛʂ]

Klebstoff (m)	lim (n)	['lim]
Hefter (m)	stiftemaskin (m)	['stiftə mɑˌʂin]
Locher (m)	hullemaskin (m)	['hʉlə mɑˌʂin]
Bleistiftspitzer (m)	blyantspisser (m)	['blyɑntˌspisər]

47. Fremdsprachen

Sprache (f)	språk (n)	['sprɔk]
Fremd-	fremmed-	['fremə-]
Fremdsprache (f)	fremmedspråk (n)	['fremedˌsprɔk]
studieren (z.B. Jura ~)	å studere	[ɔ stʉ'derə]
lernen (Englisch ~)	å lære	[ɔ 'lærə]

lesen (vi, vt)	å lese	[ɔ 'lesə]
sprechen (vi, vt)	å tale	[ɔ 'tɑlə]
verstehen (vt)	å forstå	[ɔ fo'ʂtɔ]
schreiben (vi, vt)	å skrive	[ɔ 'skrivə]

schnell (Adv)	fort	['fʊːt]
langsam (Adv)	langsomt	['lɑŋsomt]
fließend (Adv)	flytende	['flytnə]

Regeln (pl)	regler (m pl)	['rɛglər]
Grammatik (f)	grammatikk (m)	[grɑmɑ'tik]
Vokabular (n)	ordforråd (n)	['uːrfʊˌrɔd]
Phonetik (f)	fonetikk (m)	[fʊne'tik]

Lehrbuch (n)	lærebok (m/f)	['lærəˌbʉk]
Wörterbuch (n)	ordbok (m/f)	['uːrˌbʉk]
Selbstlernbuch (n)	lærebok (m/f) for selvstudium	['lærəˌbʉk fɔ 'selˌstʉdium]

| Sprachführer (m) | parlør (m) | [pɑː'lør] |

Kassette (f)	kassett (m)	[kɑ'sɛt]
Videokassette (f)	videokassett (m)	['videʊ kɑ'sɛt]
CD (f)	CD-rom (m)	['sɛdɛˌrʉm]
DVD (f)	DVD (m)	[deve'de]

Alphabet (n)	alfabet (n)	[ɑlfɑ'bet]
buchstabieren (vt)	å stave	[ɔ 'stɑvə]
Aussprache (f)	uttale (m)	['ʉtˌtɑlə]

Akzent (m)	aksent (m)	[ɑk'sɑŋ]
mit Akzent	med aksent	[me ɑk'sɑŋ]
ohne Akzent	uten aksent	['ʉtən ɑk'sɑŋ]

| Wort (n) | ord (n) | ['uːr] |
| Bedeutung (f) | betydning (m) | [be'tʏdniŋ] |

Kurse (pl)	**kurs** (n)	['kʉs]
sich einschreiben	**å anmelde seg**	[ɔ 'ɑnˌmɛlə sæj]
Lehrer (m)	**lærer** (m)	['lærər]
Übertragung (f)	**oversettelse** (m)	['ɔvəˌsɛtəlsə]
Übersetzung (f)	**oversettelse** (m)	['ɔvəˌsɛtəlsə]
Übersetzer (m)	**oversetter** (m)	['ɔvəˌsɛtər]
Dolmetscher (m)	**tolk** (m)	['tɔlk]
Polyglott (m, f)	**polyglott** (m)	[pʊlʏ'glɔt]
Gedächtnis (n)	**minne** (n), **hukommelse** (m)	['minə], [hʉ'kɔməlsə]

MAHLZEITEN. RESTAURANT

48. Gedeck

Löffel (m)	skje (m)	[' şe]
Messer (n)	kniv (m)	['kniv]
Gabel (f)	gaffel (m)	['gafəl]
Tasse (eine ~ Tee)	kopp (m)	['kɔp]
Teller (m)	tallerken (m)	[ta'lærkən]
Untertasse (f)	tefat (n)	['te͵fat]
Serviette (f)	serviett (m)	[sɛrvi'ɛt]
Zahnstocher (m)	tannpirker (m)	['tan͵pirkər]

49. Restaurant

Restaurant (n)	restaurant (m)	[rɛstʊ'ran]
Kaffeehaus (n)	kafé, kaffebar (m)	[ka'fe], ['kafə͵bar]
Bar (f)	bar (m)	['bar]
Teesalon (m)	tesalong (m)	['tesa͵lɔŋ]
Kellner (m)	servitør (m)	['særvi'tør]
Kellnerin (f)	servitrise (m/f)	[særvi'trisə]
Barmixer (m)	bartender (m)	['ba:͵tɛndər]
Speisekarte (f)	meny (m)	[me'ny]
Weinkarte (f)	vinkart (n)	['vin͵ka:t]
einen Tisch reservieren	å reservere bord	[ɔ resɛr'verə 'bʊr]
Gericht (n)	rett (m)	['rɛt]
bestellen (vt)	å bestille	[ɔ be'stilə]
eine Bestellung aufgeben	å bestille	[ɔ be'stilə]
Aperitif (m)	aperitiff (m)	[aperi'tif]
Vorspeise (f)	forrett (m)	['fɔrɛt]
Nachtisch (m)	dessert (m)	[de'sɛ:r]
Rechnung (f)	regning (m/f)	['rɛjniŋ]
Rechnung bezahlen	å betale regningen	[ɔ be'talə 'rɛjniŋən]
das Wechselgeld geben	å gi tilbake veksel	[ɔ ji til'bakə 'vɛksəl]
Trinkgeld (n)	driks (m)	['driks]

50. Mahlzeiten

| Essen (n) | mat (m) | ['mat] |
| essen (vi, vt) | å spise | [ɔ 'spisə] |

Frühstück (n)	frokost (m)	['frukɔst]
frühstücken (vi)	å spise frokost	[ɔ 'spisə ˌfrukɔst]
Mittagessen (n)	lunsj, lunch (m)	['lʉnʂ]
zu Mittag essen	å spise lunsj	[ɔ 'spisə ˌlʉnʂ]
Abendessen (n)	middag (m)	['miˌda]
zu Abend essen	å spise middag	[ɔ 'spisə 'miˌda]

Appetit (m)	appetitt (m)	[ape'tit]
Guten Appetit!	God appetitt!	['gʉ ape'tit]

öffnen (vt)	å åpne	[ɔ 'ɔpnə]
verschütten (vt)	å spille	[ɔ 'spilə]
verschüttet werden	å bli spilt	[ɔ 'bli 'spilt]

kochen (vi)	å koke	[ɔ 'kukə]
kochen (Wasser ~)	å koke	[ɔ 'kukə]
gekocht (Adj)	kokt	['kukt]
kühlen (vt)	å svalne	[ɔ 'svalnə]
abkühlen (vi)	å avkjøles	[ɔ 'avˌçœləs]

Geschmack (m)	smak (m)	['smak]
Beigeschmack (m)	bismak (m)	['bismak]

auf Diät sein	å være på diet	[ɔ 'værə pɔ di'et]
Diät (f)	diett (m)	[di'et]
Vitamin (n)	vitamin (n)	[vita'min]
Kalorie (f)	kalori (m)	[kalʉ'ri]
Vegetarier (m)	vegetarianer (m)	[vegetari'anər]
vegetarisch (Adj)	vegetarisk	[vege'tarisk]

Fett (n)	fett (n)	['fɛt]
Protein (n)	proteiner (n pl)	[prɔte'inər]
Kohlenhydrat (n)	kullhydrater (n pl)	['kʉlhyˌdratər]
Scheibchen (n)	skive (m/f)	['ʂivə]
Stück (ein ~ Kuchen)	stykke (n)	['stykə]
Krümel (m)	smule (m)	['smʉlə]

51. Gerichte

Gericht (n)	rett (m)	['rɛt]
Küche (f)	kjøkken (n)	['çœkən]
Rezept (n)	oppskrift (m)	['ɔpˌskrift]
Portion (f)	porsjon (m)	[pɔ'ʂun]

Salat (m)	salat (m)	[sa'lat]
Suppe (f)	suppe (m/f)	['sʉpə]

Brühe (f), Bouillon (f)	buljong (m)	[bu'ljɔŋ]
belegtes Brot (n)	smørbrød (n)	['smørˌbrø]
Spiegelei (n)	speilegg (n)	['spæjlˌɛg]

Hamburger (m)	hamburger (m)	['hamburgər]
Beefsteak (n)	biff (m)	['bif]
Beilage (f)	tilbehør (n)	['tilbəˌhør]

Spaghetti (pl)	**spagetti** (m)	[spɑ'gɛti]
Kartoffelpüree (n)	**potetmos** (m)	[pu'tet͵mʊs]
Pizza (f)	**pizza** (m)	['pitsɑ]
Brei (m)	**grøt** (m)	['grøt]
Omelett (n)	**omelett** (m)	[ɔmə'let]
gekocht	**kokt**	['kʊkt]
geräuchert	**røkt**	['røkt]
gebraten	**stekt**	['stɛkt]
getrocknet	**tørket**	['tœrkət]
tiefgekühlt	**frossen, dypfryst**	['frɔsən], ['dyp͵frʏst]
mariniert	**syltet**	['sʏltət]
süß	**søt**	['søt]
salzig	**salt**	['sɑlt]
kalt	**kald**	['kɑl]
heiß	**het, varm**	['het], ['vɑrm]
bitter	**bitter**	['bitər]
lecker	**lekker**	['lekər]
kochen (vt)	**å koke**	[ɔ 'kʊkə]
zubereiten (vt)	**å lage**	[ɔ 'lɑgə]
braten (vt)	**å steke**	[ɔ 'stekə]
aufwärmen (vt)	**å varme opp**	[ɔ 'vɑrmə ɔp]
salzen (vt)	**å salte**	[ɔ 'sɑltə]
pfeffern (vt)	**å pepre**	[ɔ 'pɛprə]
reiben (vt)	**å rive**	[ɔ 'rivə]
Schale (f)	**skall** (n)	['skɑl]
schälen (vt)	**å skrelle**	[ɔ 'skrɛlə]

52. Essen

Fleisch (n)	**kjøtt** (n)	['çœt]
Hühnerfleisch (n)	**høne** (m/f)	['hønə]
Küken (n)	**kylling** (m)	['çyliŋ]
Ente (m/f)	**and** (m/f)	['ɑn]
Gans (f)	**gås** (m/f)	['gɔs]
Wild (n)	**vilt** (n)	['vilt]
Pute (f)	**kalkun** (m)	[kɑl'kʉn]
Schweinefleisch (n)	**svinekjøtt** (n)	['svinə͵çœt]
Kalbfleisch (n)	**kalvekjøtt** (n)	['kɑlvə͵çœt]
Hammelfleisch (n)	**fårekjøtt** (n)	['foːrə͵çœt]
Rindfleisch (n)	**oksekjøtt** (n)	['ɔksə͵çœt]
Kaninchenfleisch (n)	**kanin** (m)	[kɑ'nin]
Wurst (f)	**pølse** (m/f)	['pølsə]
Würstchen (n)	**wienerpølse** (m/f)	['vinər͵pølsə]
Schinkenspeck (m)	**bacon** (n)	['bɛjkən]
Schinken (m)	**skinke** (m)	['ʂiŋkə]
Räucherschinken (m)	**skinke** (m)	['ʂiŋkə]
Pastete (f)	**pate, paté** (m)	[pɑ'te]
Leber (f)	**lever** (m)	['levər]

Hackfleisch (n)	kjøttfarse (m)	['çœt₁farʂə]
Zunge (f)	tunge (m/f)	['tʉŋə]
Ei (n)	egg (n)	['ɛg]
Eier (pl)	egg (n pl)	['ɛg]
Eiweiß (n)	eggehvite (m)	['ɛgə₁vitə]
Eigelb (n)	plomme (m/f)	['plʊmə]
Fisch (m)	fisk (m)	['fisk]
Meeresfrüchte (pl)	sjømat (m)	['ʂø₁mat]
Krebstiere (pl)	krepsdyr (n pl)	['krɛps₁dyr]
Kaviar (m)	kaviar (m)	['kavi₁ar]
Krabbe (f)	krabbe (m)	['krabə]
Garnele (f)	reke (m/f)	['rekə]
Auster (f)	østers (m)	['østəʂ]
Languste (f)	langust (m)	[laŋ'gʉst]
Krake (m)	blekksprut (m)	['blek₁sprʉt]
Kalmar (m)	blekksprut (m)	['blek₁sprʉt]
Störfleisch (n)	stør (m)	['stør]
Lachs (m)	laks (m)	['laks]
Heilbutt (m)	kveite (m/f)	['kvæjtə]
Dorsch (m)	torsk (m)	['tɔʂk]
Makrele (f)	makrell (m)	[ma'krɛl]
Tunfisch (m)	tunfisk (m)	['tʉn₁fisk]
Aal (m)	ål (m)	['ɔl]
Forelle (f)	ørret (m)	['øret]
Sardine (f)	sardin (m)	[saː'din]
Hecht (m)	gjedde (m/f)	['jɛdə]
Hering (m)	sild (m/f)	['sil]
Brot (n)	brød (n)	['brø]
Käse (m)	ost (m)	['ʊst]
Zucker (m)	sukker (n)	['sʉkər]
Salz (n)	salt (n)	['salt]
Reis (m)	ris (m)	['ris]
Teigwaren (pl)	pasta, makaroni (m)	['pasta], [maka'rʊni]
Nudeln (pl)	nudler (m pl)	['nʉdlər]
Butter (f)	smør (n)	['smør]
Pflanzenöl (n)	vegetabilsk olje (m)	[vegeta'bilsk ₁ɔljə]
Sonnenblumenöl (n)	solsikkeolje (m)	['sʊlsikə₁ɔljə]
Margarine (f)	margarin (m)	[marga'rin]
Oliven (pl)	olivener (m pl)	[ʊ'livenər]
Olivenöl (n)	olivenolje (m)	[ʊ'livən₁ɔljə]
Milch (f)	melk (m/f)	['mɛlk]
Kondensmilch (f)	kondensert melk (m/f)	[kʊndən'seːt ₁mɛlk]
Joghurt (m)	jogurt (m)	['jɔgʉːt]
saure Sahne (f)	rømme, syrnet fløte (m)	['rœmə], ['syːnet 'fløtə]
Sahne (f)	fløte (m)	['fløtə]

| Mayonnaise (f) | majones (m) | [majɔ'nɛs] |
| Buttercreme (f) | krem (m) | ['krɛm] |

Grütze (f)	gryn (n)	['gryn]
Mehl (n)	mel (n)	['mel]
Konserven (pl)	hermetikk (m)	[hɛrme'tik]

Maisflocken (pl)	cornflakes (m)	['kɔːn̩flejks]
Honig (m)	honning (m)	['hɔniŋ]
Marmelade (f)	syltetøy (n)	['syltə̩tøj]
Kaugummi (m, n)	tyggegummi (m)	['tygə̩gʉmi]

53. Getränke

Wasser (n)	vann (n)	['vɑn]
Trinkwasser (n)	drikkevann (n)	['drikə̩vɑn]
Mineralwasser (n)	mineralvann (n)	[minə'rɑl̩vɑn]

still	uten kullsyre	['ʉtən kʉl'syrə]
mit Kohlensäure	kullsyret	[kʉl'syrət]
mit Gas	med kullsyre	[me kʉl'syrə]
Eis (n)	is (m)	['is]
mit Eis	med is	[me 'is]

alkoholfrei (Adj)	alkoholfri	['ɑlkʉhʉl̩fri]
alkoholfreies Getränk (n)	alkoholfri drikk (m)	['ɑlkʉhʉl̩fri drik]
Erfrischungsgetränk (n)	leskedrikk (m)	['leskə̩drik]
Limonade (f)	limonade (m)	[limɔ'nɑdə]

Spirituosen (pl)	rusdrikker (m pl)	['rʉs̩drikər]
Wein (m)	vin (m)	['vin]
Weißwein (m)	hvitvin (m)	['vit̩vin]
Rotwein (m)	rødvin (m)	['rø̩vin]

Likör (m)	likør (m)	[li'kør]
Champagner (m)	champagne (m)	[ʂɑm'pɑnjə]
Wermut (m)	vermut (m)	['værmʉt]

Whisky (m)	whisky (m)	['viski]
Wodka (m)	vodka (m)	['vɔdkɑ]
Gin (m)	gin (m)	['dʒin]
Kognak (m)	konjakk (m)	['kʉnjɑk]
Rum (m)	rom (m)	['rʉm]

Kaffee (m)	kaffe (m)	['kɑfə]
schwarzer Kaffee (m)	svart kaffe (m)	['svɑːʈ 'kɑfə]
Milchkaffee (m)	kaffe (m) med melk	['kɑfə me 'mɛlk]
Cappuccino (m)	cappuccino (m)	[kɑpʉ'tʃinɔ]
Pulverkaffee (m)	pulverkaffe (m)	['pʉlvər̩kɑfə]

Milch (f)	melk (m/f)	['mɛlk]
Cocktail (m)	cocktail (m)	['kɔk̩tɛjl]
Milchcocktail (m)	milkshake (m)	['milk̩ʂɛjk]
Saft (m)	jus, juice (m)	['dʒʉs]

Tomatensaft (m)	tomatjuice (m)	[tʊˈmɑtˌdʒʉs]
Orangensaft (m)	appelsinjuice (m)	[ɑpelˈsinˌdʒʉs]
frisch gepresster Saft (m)	nypresset juice (m)	[ˈnyˌprɛsə ˈdʒʉs]

Bier (n)	øl (m/n)	[ˈøl]
Helles (n)	lettøl (n)	[ˈletˌøl]
Dunkelbier (n)	mørkt øl (n)	[ˈmœrktˌøl]

Tee (m)	te (m)	[ˈte]
schwarzer Tee (m)	svart te (m)	[ˈsvɑːʈ ˌte]
grüner Tee (m)	grønn te (m)	[ˈgrœn ˌte]

54. Gemüse

Gemüse (n)	grønnsaker (m pl)	[ˈgrœnˌsɑkər]
grünes Gemüse (pl)	grønnsaker (m pl)	[ˈgrœnˌsɑkər]

Tomate (f)	tomat (m)	[tʊˈmɑt]
Gurke (f)	agurk (m)	[ɑˈgʉrk]
Karotte (f)	gulrot (m/f)	[ˈgʉlˌrʊt]
Kartoffel (f)	potet (m/f)	[pʊˈtet]
Zwiebel (f)	løk (m)	[ˈløk]
Knoblauch (m)	hvitløk (m)	[ˈvitˌløk]

Kohl (m)	kål (m)	[ˈkɔl]
Blumenkohl (m)	blomkål (m)	[ˈblɔmˌkɔl]

Rosenkohl (m)	rosenkål (m)	[ˈrʊsənˌkɔl]
Brokkoli (m)	brokkoli (m)	[ˈbrɔkɔli]

Rote Bete (f)	rødbete (m/f)	[ˈrøˌbetə]
Aubergine (f)	aubergine (m)	[ɔbɛrˈʂin]
Zucchini (f)	squash (m)	[ˈskvɔʂ]

Kürbis (m)	gresskar (n)	[ˈgrɛskɑr]
Rübe (f)	nepe (m/f)	[ˈnepə]

Petersilie (f)	persille (m/f)	[pæˈʂilə]
Dill (m)	dill (m)	[ˈdil]
Kopf Salat (m)	salat (m)	[sɑˈlɑt]
Sellerie (m)	selleri (m/n)	[sɛleˌri]

Spargel (m)	asparges (m)	[ɑˈspɑrʂəs]
Spinat (m)	spinat (m)	[spiˈnɑt]

Erbse (f)	erter (m pl)	[ˈæːʈər]
Bohnen (pl)	bønner (m/f pl)	[ˈbœnər]

Mais (m)	mais (m)	[ˈmɑis]
weiße Bohne (f)	bønne (m/f)	[ˈbœnə]

Paprika (m)	pepper (m)	[ˈpɛpər]
Radieschen (n)	reddik (m)	[ˈrɛdik]
Artischocke (f)	artisjokk (m)	[ˌɑːʈiˈʂɔk]

55. Obst. Nüsse

Frucht (f)	**frukt** (m/f)	['frʉkt]
Apfel (m)	**eple** (n)	['ɛplə]
Birne (f)	**pære** (m/f)	['pærə]
Zitrone (f)	**sitron** (m)	[si'trʊn]
Apfelsine (f)	**appelsin** (m)	[apel'sin]
Erdbeere (f)	**jordbær** (n)	['juːrˌbær]
Mandarine (f)	**mandarin** (m)	[manda'rin]
Pflaume (f)	**plomme** (m/f)	['plʊmə]
Pfirsich (m)	**fersken** (m)	['fæʂkən]
Aprikose (f)	**aprikos** (m)	[apri'kʊs]
Himbeere (f)	**bringebær** (n)	['briŋəˌbær]
Ananas (f)	**ananas** (m)	['ananas]
Banane (f)	**banan** (m)	[ba'nan]
Wassermelone (f)	**vannmelon** (m)	['vanmeˌlʊn]
Weintrauben (pl)	**drue** (m)	['drʉə]
Sauerkirsche (f)	**kirsebær** (n)	['çiʂəˌbær]
Süßkirsche (f)	**morell** (m)	[mʊ'rɛl]
Melone (f)	**melon** (m)	[me'lun]
Grapefruit (f)	**grapefrukt** (m/f)	['grɛjpˌfrʉkt]
Avocado (f)	**avokado** (m)	[avɔ'kadɔ]
Papaya (f)	**papaya** (m)	[pa'paja]
Mango (f)	**mango** (m)	['maŋu]
Granatapfel (m)	**granateple** (n)	[gra'natˌɛplə]
rote Johannisbeere (f)	**rips** (m)	['rips]
schwarze Johannisbeere (f)	**solbær** (n)	['sʊlˌbær]
Stachelbeere (f)	**stikkelsbær** (n)	['stikəlsˌbær]
Heidelbeere (f)	**blåbær** (n)	['blɔˌbær]
Brombeere (f)	**bjørnebær** (m)	['bjœːˌŋəˌbær]
Rosinen (pl)	**rosin** (m)	[rʊ'sin]
Feige (f)	**fiken** (m)	['fikən]
Dattel (f)	**daddel** (m)	['dadəl]
Erdnuss (f)	**jordnøtt** (m)	['juːrˌnœt]
Mandel (f)	**mandel** (m)	['mandəl]
Walnuss (f)	**valnøtt** (m/f)	['valˌnœt]
Haselnuss (f)	**hasselnøtt** (m/f)	['hasəlˌnœt]
Kokosnuss (f)	**kokosnøtt** (m/f)	['kʊkʊsˌnœt]
Pistazien (pl)	**pistasier** (m pl)	[pi'staʂiər]

56. Brot. Süßigkeiten

Konditorwaren (pl)	**bakevarer** (m/f pl)	['bakəˌvarər]
Brot (n)	**brød** (n)	['brø]
Keks (m, n)	**kjeks** (m)	['çɛks]
Schokolade (f)	**sjokolade** (m)	[ʂʊkʊ'ladə]
Schokoladen-	**sjokolade-**	[ʂʊkʊ'ladə-]

Bonbon (m, n)	sukkertøy (n), karamell (m)	['sʉkəːţøj], [karaˈmɛl]
Kuchen (m)	kake (m/f)	['kɑkə]
Torte (f)	bløtkake (m/f)	['bløtˌkɑkə]

| Kuchen (Apfel-) | pai (m) | ['pɑj] |
| Füllung (f) | fyll (m/n) | ['fʏl] |

Konfitüre (f)	syltetøy (n)	['syltəˌtøj]
Marmelade (f)	marmelade (m)	[marmeˈlɑdə]
Waffeln (pl)	vaffel (m)	['vɑfəl]
Eis (n)	iskrem (m)	['iskrɛm]
Pudding (m)	pudding (m)	['pʉdiŋ]

57. Gewürze

Salz (n)	salt (n)	['sɑlt]
salzig (Adj)	salt	['sɑlt]
salzen (vt)	å salte	[ɔ 'sɑltə]

schwarzer Pfeffer (m)	svart pepper (m)	['svɑːţ 'pɛpər]
roter Pfeffer (m)	rød pepper (m)	['rø 'pɛpər]
Senf (m)	sennep (m)	['sɛnəp]
Meerrettich (m)	pepperrot (m/f)	['pɛpərˌrʊt]

Gewürz (n)	krydder (n)	['krʏdər]
Gewürz (n)	krydder (n)	['krʏdər]
Soße (f)	saus (m)	['sɑʉs]
Essig (m)	eddik (m)	['ɛdik]

Anis (m)	anis (m)	['ɑnis]
Basilikum (n)	basilik (m)	[bɑsiˈlik]
Nelke (f)	nellik (m)	['nɛlik]
Ingwer (m)	ingefær (m)	['iŋəˌfær]
Koriander (m)	koriander (m)	[kʉriˈɑndər]
Zimt (m)	kanel (m)	[kɑˈnel]

Sesam (m)	sesam (m)	['sesɑm]
Lorbeerblatt (n)	laurbærblad (n)	['lɑʉrbærˌblɑ]
Paprika (m)	paprika (m)	['pɑprikɑ]
Kümmel (m)	karve, kummin (m)	['kɑrvə], ['kʉmin]
Safran (m)	safran (m)	[sɑˈfrɑn]

PERSÖNLICHE INFORMATIONEN. FAMILIE

Vorname (m)	navn (n)	['nɑvn]
Name (m)	etternavn (n)	['ɛtə‚ŋɑvn]
Geburtsdatum (n)	fødselsdato (m)	['føtsəls‚dɑtʊ]
Geburtsort (m)	fødested (n)	['fødə‚sted]
Nationalität (f)	nasjonalitet (m)	[nɑʂʊnɑli'tet]
Wohnort (m)	bosted (n)	['bʊ‚sted]
Land (n)	land (n)	['lɑn]
Beruf (m)	yrke (n), profesjon (m)	['yrkə], [prʊfe'ʂʊn]
Geschlecht (n)	kjønn (n)	['çœn]
Größe (f)	høyde (m)	['højdə]
Gewicht (n)	vekt (m)	['vɛkt]

Mutter (f)	mor (m/f)	['mʊr]
Vater (m)	far (m)	['fɑr]
Sohn (m)	sønn (m)	['sœn]
Tochter (f)	datter (m/f)	['dɑtər]
jüngste Tochter (f)	yngste datter (m/f)	['yŋstə 'dɑtər]
jüngste Sohn (m)	yngste sønn (m)	['yŋstə 'sœn]
ältere Tochter (f)	eldste datter (m/f)	['ɛlstə 'dɑtər]
älterer Sohn (m)	eldste sønn (m)	['ɛlstə 'sœn]
Bruder (m)	bror (m)	['brʊr]
älterer Bruder (m)	eldre bror (m)	['ɛldrə ‚brʊr]
jüngerer Bruder (m)	lillebror (m)	['lilə‚brʊr]
Schwester (f)	søster (m/f)	['søstər]
ältere Schwester (f)	eldre søster (m/f)	['ɛldrə ‚søstər]
jüngere Schwester (f)	lillesøster (m/f)	['lilə‚søstər]
Cousin (m)	fetter (m/f)	['fɛtər]
Cousine (f)	kusine (m)	[kʉ'sinə]
Mama (f)	mamma (m)	['mɑmɑ]
Papa (m)	pappa (m)	['pɑpɑ]
Eltern (pl)	foreldre (pl)	[for'ɛldrə]
Kind (n)	barn (n)	['bɑ:ŋ]
Kinder (pl)	barn (n pl)	['bɑ:ŋ]
Großmutter (f)	bestemor (m)	['bɛstə‚mʊr]
Großvater (m)	bestefar (m)	['bɛstə‚fɑr]
Enkel (m)	barnebarn (n)	['bɑ:ŋə‚bɑ:ŋ]

Enkelin (f)	barnebarn (n)	['bɑːŋəˌbɑːŋ]
Enkelkinder (pl)	barnebarn (n pl)	['bɑːŋəˌbɑːŋ]

Onkel (m)	onkel (m)	['ʊnkəl]
Tante (f)	tante (m/f)	['tɑntə]
Neffe (m)	nevø (m)	[ne'vø]
Nichte (f)	niese (m/f)	[ni'esə]

Schwiegermutter (f)	svigermor (m/f)	['sviɡərˌmʊr]
Schwiegervater (m)	svigerfar (m)	['sviɡərˌfɑr]
Schwiegersohn (m)	svigersønn (m)	['sviɡərˌsœn]
Stiefmutter (f)	stemor (m/f)	['steˌmʊr]
Stiefvater (m)	stefar (m)	['steˌfɑr]

Säugling (m)	brystbarn (n)	['brʏstˌbɑːŋ]
Kleinkind (n)	spedbarn (n)	['speˌbɑːŋ]
Kleine (m)	lite barn (n)	['litə 'bɑːŋ]

Frau (f)	kone (m/f)	['kʊnə]
Mann (m)	mann (m)	['mɑn]
Ehemann (m)	ektemann (m)	['ɛktəˌmɑn]
Gemahlin (f)	hustru (m)	['hʊstrʉ]

verheiratet (Ehemann)	gift	['jift]
verheiratet (Ehefrau)	gift	['jift]
ledig	ugift	[ʉ:'jift]
Junggeselle (m)	ungkar (m)	['ʉŋˌkɑr]
geschieden (Adj)	fraskilt	['frɑˌsilt]
Witwe (f)	enke (m)	['ɛnkə]
Witwer (m)	enkemann (m)	['ɛnkəˌmɑn]

Verwandte (m)	slektning (m)	['ʂlektniŋ]
naher Verwandter (m)	nær slektning (m)	['nær 'slektniŋ]
entfernter Verwandter (m)	fjern slektning (m)	['fjæːŋ 'slektniŋ]
Verwandte (pl)	slektninger (m pl)	['ʂlektniŋər]

Waise (m, f)	foreldreløst barn (n)	[foɾ'ɛldrəløst ˌbɑːŋ]
Vormund (m)	formynder (m)	['forˌmʏnər]
adoptieren (einen Jungen)	å adoptere	[ɔ adɔp'terə]
adoptieren (ein Mädchen)	å adoptere	[ɔ adɔp'terə]

60. Freunde. Arbeitskollegen

Freund (m)	venn (m)	['vɛn]
Freundin (f)	venninne (m/f)	[vɛ'ninə]
Freundschaft (f)	vennskap (n)	['vɛnˌskɑp]
befreundet sein	å være venner	[ɔ 'værə 'vɛnər]

Freund (m)	venn (m)	['vɛn]
Freundin (f)	venninne (m/f)	[vɛ'ninə]
Partner (m)	partner (m)	['pɑːʈnər]

Chef (m)	sjef (m)	['ʂɛf]
Vorgesetzte (m)	overordnet (m)	['ɔvərˌɔrdnet]

Besitzer (m)	**eier** (m)	['æjər]
Untergeordnete (m)	**underordnet** (m)	['ʉnər‚ɔrdnet]
Kollege (m), Kollegin (f)	**kollega** (m)	[kʊ'lega]
Bekannte (m)	**bekjent** (m)	[be'çɛnt]
Reisegefährte (m)	**medpassasjer** (m)	['me‚pɑsɑ'ʂɛr]
Mitschüler (m)	**klassekamerat** (m)	['klɑsə‚kɑmə'rɑ:t]
Nachbar (m)	**nabo** (m)	['nɑbʊ]
Nachbarin (f)	**nabo** (m)	['nɑbʊ]
Nachbarn (pl)	**naboer** (m pl)	['nɑbʊər]

MENSCHLICHER KÖRPER. MEDIZIN

61. Kopf

Kopf (m)	hode (n)	['huːdə]
Gesicht (n)	ansikt (n)	['ansikt]
Nase (f)	nese (m/f)	['neːse]
Mund (m)	munn (m)	['mʉn]
Auge (n)	øye (n)	['øjə]
Augen (pl)	øyne (n pl)	['øjnə]
Pupille (f)	pupill (m)	[pʉ'pil]
Augenbraue (f)	øyenbryn (n)	['øjənˌbryn]
Wimper (f)	øyenvipp (m)	['øjənˌvip]
Augenlid (n)	øyelokk (m)	['øjəˌlɔk]
Zunge (f)	tunge (m/f)	['tʉŋə]
Zahn (m)	tann (m/f)	['tan]
Lippen (pl)	lepper (m/f pl)	['lepər]
Backenknochen (pl)	kinnbein (n pl)	['çinˌbæjn]
Zahnfleisch (n)	tannkjøtt (n)	['tanˌçœt]
Gaumen (m)	gane (m)	['gaːnə]
Nasenlöcher (pl)	nesebor (n pl)	['neːsəˌbʉr]
Kinn (n)	hake (m/f)	['haːkə]
Kiefer (m)	kjeve (m)	['çɛːvə]
Wange (f)	kinn (n)	['çin]
Stirn (f)	panne (m/f)	['panə]
Schläfe (f)	tinning (m)	['tiniŋ]
Ohr (n)	øre (n)	['øːrə]
Nacken (m)	bakhode (n)	['bakˌhoːdə]
Hals (m)	hals (m)	['hals]
Kehle (f)	strupe, hals (m)	['strʉːpə], ['hals]
Haare (pl)	hår (n pl)	['hoːr]
Frisur (f)	frisyre (m)	[fri'syːrə]
Haarschnitt (m)	hårfasong (m)	['hoːrfaˌsɔŋ]
Perücke (f)	parykk (m)	[pa'rʏk]
Schnurrbart (m)	mustasje (m)	[mʉ'staʃə]
Bart (m)	skjegg (n)	['ʂɛg]
haben (einen Bart ~)	å ha	[ɔ 'ha]
Zopf (m)	flette (m/f)	['fletə]
Backenbart (m)	bakkenbarter (pl)	['bakənˌbaːˌtər]
rothaarig	rødhåret	['røˌhoːrət]
grau	grå	['grɔ]
kahl	skallet	['skalət]
Glatze (f)	skallet flekk (m)	['skalət ˌflek]

| Pferdeschwanz (m) | hestehale (m) | ['hɛstəˌhalə] |
| Pony (Ponyfrisur) | pannelugg (m) | ['panəˌlʉg] |

62. Menschlicher Körper

| Hand (f) | hånd (m/f) | ['hɔn] |
| Arm (m) | arm (m) | ['arm] |

Finger (m)	finger (m)	['fiŋər]
Zehe (f)	tå (m/f)	['tɔ]
Daumen (m)	tommel (m)	['tɔməl]
kleiner Finger (m)	lillefinger (m)	['lileˌfiŋər]
Nagel (m)	negl (m)	['nɛjl]

Faust (f)	knyttneve (m)	['knʏtˌnevə]
Handfläche (f)	håndflate (m/f)	['hɔnˌflatə]
Handgelenk (n)	håndledd (n)	['hɔnˌled]
Unterarm (m)	underarm (m)	['ʉnərˌarm]
Ellbogen (m)	albue (m)	['alˌbʉə]
Schulter (f)	skulder (m)	['skʉldər]

Bein (n)	bein (n)	['bæjn]
Fuß (m)	fot (m)	['fʊt]
Knie (n)	kne (n)	['knɛ]
Wade (f)	legg (m)	['leg]
Hüfte (f)	hofte (m)	['hɔftə]
Ferse (f)	hæl (m)	['hæl]

Körper (m)	kropp (m)	['krɔp]
Bauch (m)	mage (m)	['magə]
Brust (f)	bryst (n)	['brʏst]
Busen (m)	bryst (n)	['brʏst]
Seite (f), Flanke (f)	side (m/f)	['sidə]
Rücken (m)	rygg (m)	['rʏg]
Kreuz (n)	korsrygg (m)	['kɔːʂˌrʏg]
Taille (f)	liv (n), midje (m/f)	['liv], ['midjə]

Nabel (m)	navle (m)	['navlə]
Gesäßbacken (pl)	rumpeballer (m pl)	['rʉmpəˌbalər]
Hinterteil (n)	bak (m)	['bak]

Leberfleck (m)	føflekk (m)	['føˌflek]
Muttermal (n)	fødselsmerke (n)	['føtsəlsˌmærke]
Tätowierung (f)	tatovering (m/f)	[tatʉ'vɛriŋ]
Narbe (f)	arr (n)	['ar]

63. Krankheiten

Krankheit (f)	sykdom (m)	['sʏkˌdɔm]
krank sein	å være syk	[ɔ 'værə 'syk]
Gesundheit (f)	helse (m/f)	['hɛlsə]
Schnupfen (m)	snue (m)	['snʉə]

Angina (f)	angina (m)	[an'gina]
Erkältung (f)	forkjølelse (m)	[for'çœləlsə]
sich erkälten	å forkjøle seg	[ɔ for'çœlə sæj]

Bronchitis (f)	bronkitt (m)	[brɔn'kit]
Lungenentzündung (f)	lungebetennelse (m)	['lʉŋə be'tɛnəlsə]
Grippe (f)	influensa (m)	[inflʉ'ɛnsa]

kurzsichtig	nærsynt	['næˌsʏnt]
weitsichtig	langsynt	['laŋsʏnt]
Schielen (n)	skjeløydhet (m)	['ʂɛløjdˌhet]
schielend (Adj)	skjeløyd	['ʂɛlˌøjd]
grauer Star (m)	grå stær, katarakt (m)	['grɔ ˌstær], [kata'rakt]
Glaukom (n)	glaukom (n)	[glaʉ'kɔm]

Schlaganfall (m)	hjerneslag (n)	['jæːnəˌslag]
Infarkt (m)	infarkt (n)	[in'farkt]
Herzinfarkt (m)	myokardieinfarkt (n)	['miɔ'kardiə in'farkt]
Lähmung (f)	paralyse, lammelse (m)	['para'lyse], ['laməlsə]
lähmen (vt)	å lamme	[ɔ 'lamə]

Allergie (f)	allergi (m)	[alæː'gi]
Asthma (n)	astma (m)	['astma]
Diabetes (m)	diabetes (m)	[dia'betəs]

| Zahnschmerz (m) | tannpine (m/f) | ['tanˌpinə] |
| Karies (f) | karies (m) | ['karies] |

Durchfall (m)	diaré (m)	[dia'rɛ]
Verstopfung (f)	forstoppelse (m)	[fo'stɔpəlsə]
Magenverstimmung (f)	magebesvær (m)	['magəˌbe'svær]
Vergiftung (f)	matforgiftning (m/f)	['matˌforˈjiftniŋ]
Vergiftung bekommen	å få matforgiftning	[ɔ 'fɔ matˌforˈjiftniŋ]

Arthritis (f)	artritt (m)	[aːˈtrit]
Rachitis (f)	rakitt (m)	[ra'kit]
Rheumatismus (m)	revmatisme (m)	[revma'tismə]
Atherosklerose (f)	arteriosklerose (m)	[aːˈteriʉskleˌrʉsə]

Gastritis (f)	magekatarr, gastritt (m)	['magəkaˌtar], [ˌga'strit]
Blinddarmentzündung (f)	appendisitt (m)	[apɛndi'sit]
Cholezystitis (f)	galleblærebetennelse (m)	['galəˌblærə be'tɛnəlsə]
Geschwür (n)	magesår (n)	['magəˌsɔr]

Masern (pl)	meslinger (m pl)	['mɛsˌliŋər]
Röteln (pl)	røde hunder (m pl)	['rødə 'hʉnər]
Gelbsucht (f)	gulsott (m/f)	['gʉlˌsʊt]
Hepatitis (f)	hepatitt (m)	[hepa'tit]

Schizophrenie (f)	schizofreni (m)	[ʂisʉfre'ni]
Tollwut (f)	rabies (m)	['rabiəs]
Neurose (f)	nevrose (m)	[nev'rʉsə]
Gehirnerschütterung (f)	hjernerystelse (m)	['jæːnəˌrʏstəlsə]

| Krebs (m) | kreft, cancer (m) | ['krɛft], ['kansər] |
| Sklerose (f) | sklerose (m) | [skle'rʉsə] |

multiple Sklerose (f)	multippel sklerose (m)	[mʉl'tipəl skle'rʉsə]
Alkoholismus (m)	alkoholisme (m)	[alkʉhʉ'lismə]
Alkoholiker (m)	alkoholiker (m)	[alkʉ'hʉlikər]
Syphilis (f)	syfilis (m)	['syfilis]
AIDS	AIDS, aids (m)	['ɛjds]

Tumor (m)	svulst, tumor (m)	['svʉlst], [tʉ'mʉr]
bösartig	ondartet, malign	['ʉnˌɑːʈət], [mɑ'lign]
gutartig	godartet	['gʉˌɑːʈət]

Fieber (n)	feber (m)	['febər]
Malaria (f)	malaria (m)	[mɑ'lɑriɑ]
Gangrän (f, n)	koldbrann (m)	['kɔlbran]
Seekrankheit (f)	sjøsyke (m)	['ʂøˌsykə]
Epilepsie (f)	epilepsi (m)	[ɛpilep'si]

Epidemie (f)	epidemi (m)	[ɛpide'mi]
Typhus (m)	tyfus (m)	['tyfʉs]
Tuberkulose (f)	tuberkulose (m)	[tubærkʉ'lɔsə]
Cholera (f)	kolera (m)	['kʉlerɑ]
Pest (f)	pest (m)	['pɛst]

64. Symptome. Behandlungen. Teil 1

Symptom (n)	symptom (n)	[sʏmp'tʉm]
Temperatur (f)	temperatur (m)	[tɛmpərɑ'tʉr]
Fieber (n)	høy temperatur (m)	['høj tɛmpərɑ'tʉr]
Puls (m)	puls (m)	['pʉls]

Schwindel (m)	svimmelhet (m)	['sviməlˌhet]
heiß (Stirne usw.)	varm	['vɑrm]
Schüttelfrost (m)	skjelving (m/f)	['ʂɛlviŋ]
blass (z.B. -es Gesicht)	blek	['blek]

Husten (m)	hoste (m)	['hʉstə]
husten (vi)	å hoste	[ɔ 'hʉstə]
niesen (vi)	å nyse	[ɔ 'nysə]
Ohnmacht (f)	besvimelse (m)	[bɛ'sviməlsə]
ohnmächtig werden	å besvime	[ɔ be'svimə]

blauer Fleck (m)	blåmerke (n)	['blɔˌmærkə]
Beule (f)	bule (m)	['bʉlə]
sich stoßen	å slå seg	[ɔ 'ʂlɔ sæj]
Prellung (f)	blåmerke (n)	['blɔˌmærkə]
sich stoßen	å slå seg	[ɔ 'ʂlɔ sæj]

hinken (vi)	å halte	[ɔ 'haltə]
Verrenkung (f)	forvridning (m)	[fɔr'vridniŋ]
ausrenken (vt)	å forvri	[ɔ fɔr'vri]
Fraktur (f)	brudd (n), fraktur (m)	['brʉd], [frɑk'tʉr]
brechen (Arm usw.)	å få brudd	[ɔ 'fɔ 'brʉd]

Schnittwunde (f)	skjæresår (n)	['ʂæːrəˌsɔr]
sich schneiden	å skjære seg	[ɔ 'ʂæːrə sæj]

Blutung (f)	blødning (m/f)	['bløднiŋ]
Verbrennung (f)	brannsår (n)	['bran͵sɔr]
sich verbrennen	å brenne seg	[ɔ 'brɛnə sæj]

stechen (vt)	å stikke	[ɔ 'stikə]
sich stechen	å stikke seg	[ɔ 'stikə sæj]
verletzen (vt)	å skade	[ɔ 'skadə]
Verletzung (f)	skade (n)	['skadə]
Wunde (f)	sår (n)	['sɔr]
Trauma (n)	traume (m)	['traʊmə]

irrereden (vi)	å snakke i villelse	[ɔ 'snakə i 'vilələsə]
stottern (vi)	å stamme	[ɔ 'stamə]
Sonnenstich (m)	solstikk (n)	['sʊl͵stik]

65. Symptome. Behandlungen. Teil 2

| Schmerz (m) | smerte (m) | ['smæːtə] |
| Splitter (m) | flis (m/f) | ['flis] |

Schweiß (m)	svette (m)	['svɛtə]
schwitzen (vi)	å svette	[ɔ 'svɛtə]
Erbrechen (n)	oppkast (n)	['ɔp͵kast]
Krämpfe (pl)	kramper (m pl)	['krampər]

schwanger	gravid	[gra'vid]
geboren sein	å fødes	[ɔ 'fødə]
Geburt (f)	fødsel (m)	['føtsəl]
gebären (vt)	å føde	[ɔ 'fødə]
Abtreibung (f)	abort (m)	[a'bɔːt]

Atem (m)	åndedrett (n)	['ɔndə͵drɛt]
Atemzug (m)	innånding (m/f)	['in͵ɔniŋ]
Ausatmung (f)	utånding (m/f)	['ʉt͵ɔndiŋ]
ausatmen (vt)	å puste ut	[ɔ 'pʉstə ʉt]
einatmen (vt)	å ånde inn	[ɔ 'ɔndə ͵in]

Invalide (m)	handikappet person (m)	['handi͵kapət pæ'ʂʉn]
Krüppel (m)	krøpling (m)	['krøpliŋ]
Drogenabhängiger (m)	narkoman (m)	[narkʊ'man]

taub	døv	['døv]
stumm	stum	['stʉm]
taubstumm	døvstum	['døf͵stʉm]

verrückt (Adj)	gal	['gal]
Irre (m)	gal mann (m)	['gal ͵man]
Irre (f)	gal kvinne (m/f)	['gal ͵kvinə]
den Verstand verlieren	å bli sinnssyk	[ɔ 'bli 'sin͵syk]

Gen (n)	gen (m)	['gen]
Immunität (f)	immunitet (m)	[imʉni'tet]
erblich	arvelig	['arvəli]
angeboren	medfødt	['meː͵føt]

Virus (m, n)	virus (m)	['virus]
Mikrobe (f)	mikrobe (m)	[mi'krubə]
Bakterie (f)	bakterie (m)	[bak'teriə]
Infektion (f)	infeksjon (m)	[infɛk'ʂun]

66. Symptome. Behandlungen. Teil 3

Krankenhaus (n)	sykehus (n)	['sykə,hus]
Patient (m)	pasient (m)	[pasi'ɛnt]
Diagnose (f)	diagnose (m)	[dia'gnusə]
Heilung (f)	kur (m)	['kur]
Behandlung (f)	behandling (m/f)	[be'handliŋ]
Behandlung bekommen	å bli behandlet	[ɔ 'bli be'handlət]
behandeln (vt)	å behandle	[ɔ be'handlə]
pflegen (Kranke)	å skjøtte	[ɔ 'søtə]
Pflege (f)	sykepleie (m/f)	['sykə,plæjə]
Operation (f)	operasjon (m)	[ɔpəra'ʂun]
verbinden (vt)	å forbinde	[ɔ for'binə]
Verband (m)	forbinding (m)	[for'biniŋ]
Impfung (f)	vaksinering (m/f)	[vaksi'neriŋ]
impfen (vt)	å vaksinere	[ɔ vaksi'nerə]
Spritze (f)	injeksjon (m), sprøyte (m/f)	[injɛk'ʂun], ['sprøjtə]
eine Spritze geben	å gi en sprøyte	[ɔ 'ji en 'sprøjtə]
Anfall (m)	anfall (n)	['an,fal]
Amputation (f)	amputasjon (m)	[amputa'ʂun]
amputieren (vt)	å amputere	[ɔ ampu'terə]
Koma (n)	koma (m)	['kuma]
im Koma liegen	å ligge i koma	[ɔ 'ligə i 'kuma]
Reanimation (f)	intensivavdeling (m/f)	['inten,siv 'av,deliŋ]
genesen von ... (vi)	å bli frisk	[ɔ 'bli 'frisk]
Zustand (m)	tilstand (m)	['til,stan]
Bewusstsein (n)	bevissthet (m)	[be'vist,het]
Gedächtnis (n)	minne (n), hukommelse (m)	['minə], [hu'kɔməlsə]
ziehen (einen Zahn ~)	å trekke ut	[ɔ 'trɛkə ut]
Plombe (f)	fylling (m/f)	['fyliŋ]
plombieren (vt)	å plombere	[ɔ plum'berə]
Hypnose (f)	hypnose (m)	[hyp'nusə]
hypnotisieren (vt)	å hypnotisere	[ɔ hypnuti'serə]

67. Medizin. Medikamente. Accessoires

Arznei (f)	medisin (m)	[medi'sin]
Heilmittel (n)	middel (n)	['midəl]
verschreiben (vt)	å ordinere	[ɔ ordi'nerə]
Rezept (n)	resept (m)	[re'sɛpt]

Tablette (f)	tablett (m)	[tab'let]
Salbe (f)	salve (m/f)	['salvə]
Ampulle (f)	ampulle (m)	[am'pulə]
Mixtur (f)	mikstur (m)	[miks'tur]
Sirup (m)	sirup (m)	['sirup]
Pille (f)	pille (m/f)	['pilə]
Pulver (n)	pulver (n)	['pulvər]
Verband (m)	gasbind (n)	['gas,bin]
Watte (f)	vatt (m/n)	['vat]
Jod (n)	jod (m/n)	['ʉd]
Pflaster (n)	plaster (n)	['plastər]
Pipette (f)	pipette (m)	[pi'pɛtə]
Thermometer (n)	termometer (n)	[tɛrmʉ'metər]
Spritze (f)	sprøyte (m/f)	['sprøjtə]
Rollstuhl (m)	rullestol (m)	['rʉlə,stʉl]
Krücken (pl)	krykker (m/f pl)	['krʏkər]
Betäubungsmittel (n)	smertestillende middel (n)	['smæːʈə,stilenə 'midəl]
Abführmittel (n)	laksativ (n)	[laksa'tiv]
Spiritus (m)	sprit (m)	['sprit]
Heilkraut (n)	legeurter (m/f pl)	['legə,ʉːʈər]
Kräuter- (z.B. Kräutertee)	urte-	['ʉːʈə-]

WOHNUNG

Wohnung (f)	leilighet (m/f)	['læjli‚het]
Zimmer (n)	rom (n)	['rʊm]
Schlafzimmer (n)	soverom (n)	['sɔvə‚rʊm]
Esszimmer (n)	spisestue (m/f)	['spisə‚stʉə]
Wohnzimmer (n)	dagligstue (m/f)	['dɑgli‚stʉə]
Arbeitszimmer (n)	arbeidsrom (n)	['ɑrbæjds‚rʊm]
Vorzimmer (n)	entré (m)	[ɑn'trɛ:]
Badezimmer (n)	bad, baderom (n)	['bɑd], ['bɑdə‚rʊm]
Toilette (f)	toalett, WC (n)	[tʊɑ'let], [vɛ'sɛ]
Decke (f)	tak (n)	['tɑk]
Fußboden (m)	gulv (n)	['gʉlv]
Ecke (f)	hjørne (n)	['jœ:ŋə]

Möbel (n)	møbler (n pl)	['møblər]
Tisch (m)	bord (n)	['bʊr]
Stuhl (m)	stol (m)	['stʊl]
Bett (n)	seng (m/f)	['sɛŋ]
Sofa (n)	sofa (m)	['sʊfɑ]
Sessel (m)	lenestol (m)	['lenə‚stʊl]
Bücherschrank (m)	bokskap (n)	['bʊk‚skɑp]
Regal (n)	hylle (m/f)	['hylə]
Schrank (m)	klesskap (n)	['kle‚skɑp]
Hakenleiste (f)	knaggbrett (n)	['knɑg‚brɛt]
Kleiderständer (m)	stumtjener (m)	['stʉm‚tjenər]
Kommode (f)	kommode (m)	[kʊ'mʊdə]
Couchtisch (m)	kaffebord (n)	['kɑfə‚bʊr]
Spiegel (m)	speil (n)	['spæjl]
Teppich (m)	teppe (n)	['tɛpə]
Matte (kleiner Teppich)	lite teppe (n)	['litə 'tɛpə]
Kamin (m)	peis (m), ildsted (n)	['pæjs], ['ilsted]
Kerze (f)	lys (n)	['lys]
Kerzenleuchter (m)	lysestake (m)	['lysə‚stɑkə]
Vorhänge (pl)	gardiner (m/f pl)	[gɑ:'dinər]
Tapete (f)	tapet (n)	[tɑ'pet]

Jalousie (f)	persienne (m)	[pæʂiˈenə]
Tischlampe (f)	bordlampe (m/f)	[ˈbʊrˌlampə]
Leuchte (f)	vegglampe (m/f)	[ˈvɛgˌlampə]
Stehlampe (f)	gulvlampe (m/f)	[ˈgʉlvˌlampə]
Kronleuchter (m)	lysekrone (m/f)	[ˈlysəˌkrʊnə]

Bein (Tischbein usw.)	bein (n)	[ˈbæjn]
Armlehne (f)	armlene (n)	[ˈɑrmˌlenə]
Lehne (f)	rygg (m)	[ˈrʏg]
Schublade (f)	skuff (m)	[ˈskʉf]

70. Bettwäsche

Bettwäsche (f)	sengetøy (n)	[ˈsɛŋəˌtøj]
Kissen (n)	pute (m/f)	[ˈpʉtə]
Kissenbezug (m)	putevar, putetrekk (n)	[ˈpʉtəˌvar], [ˈpʉtəˌtrɛk]
Bettdecke (f)	dyne (m/f)	[ˈdynə]
Laken (n)	laken (n)	[ˈlɑkən]
Tagesdecke (f)	sengeteppe (n)	[ˈsɛŋəˌtɛpə]

71. Küche

Küche (f)	kjøkken (n)	[ˈçœkən]
Gas (n)	gass (m)	[ˈgɑs]
Gasherd (m)	gasskomfyr (m)	[ˈgɑs kɔmˌfyr]
Elektroherd (m)	elektrisk komfyr (m)	[ɛˈlektrisk kɔmˌfyr]
Backofen (m)	bakeovn (m)	[ˈbɑkəˌɔvn]
Mikrowellenherd (m)	mikrobølgeovn (m)	[ˈmikrʊˌbølgeˈɔvn]

Kühlschrank (m)	kjøleskap (n)	[ˈçœləˌskap]
Tiefkühltruhe (f)	fryser (m)	[ˈfrysər]
Geschirrspülmaschine (f)	oppvaskmaskin (m)	[ˈɔpvask maˌʂin]

Fleischwolf (m)	kjøttkvern (m/f)	[ˈçœtˌkvɛːɳ]
Saftpresse (f)	juicepresse (m/f)	[ˈdʒusˌprɛsə]
Toaster (m)	brødrister (m)	[ˈbrøˌristər]
Mixer (m)	mikser (m)	[ˈmiksər]

Kaffeemaschine (f)	kaffetrakter (m)	[ˈkɑfəˌtraktər]
Kaffeekanne (f)	kaffekanne (m/f)	[ˈkɑfəˌkanə]
Kaffeemühle (f)	kaffekvern (m/f)	[ˈkɑfəˌkvɛːɳ]

Wasserkessel (m)	tekjele (m)	[ˈteˌçelə]
Teekanne (f)	tekanne (m/f)	[ˈteˌkanə]
Deckel (m)	lokk (n)	[ˈlɔk]
Teesieb (n)	tesil (m)	[ˈteˌsil]

Löffel (m)	skje (m)	[ˈʂe]
Teelöffel (m)	teskje (m)	[ˈteˌʂe]
Esslöffel (m)	spiseskje (m)	[ˈspisəˌʂɛ]
Gabel (f)	gaffel (m)	[ˈgɑfəl]
Messer (n)	kniv (m)	[ˈkniv]

Geschirr (n)	servise (n)	[sær'visə]
Teller (m)	tallerken (m)	[ta'lærkən]
Untertasse (f)	tefat (n)	['te͵fat]

Schnapsglas (n)	shotglass (n)	['ʂɔt͵glas]
Glas (n)	glass (n)	['glas]
Tasse (f)	kopp (m)	['kɔp]

Zuckerdose (f)	sukkerskål (m/f)	['sʉkər͵skɔl]
Salzstreuer (m)	saltbøsse (m/f)	['salt͵bøsə]
Pfefferstreuer (m)	pepperbøsse (m/f)	['pɛpər͵bøsə]
Butterdose (f)	smørkopp (m)	['smœr͵kɔp]

Kochtopf (m)	gryte (m/f)	['grytə]
Pfanne (f)	steikepanne (m/f)	['stæjkə͵panə]
Schöpflöffel (m)	sleiv (m/f)	['ʂlæjv]
Durchschlag (m)	dørslag (n)	['dœʂlag]
Tablett (n)	brett (n)	['brɛt]

Flasche (f)	flaske (m)	['flaskə]
Glas (Einmachglas)	glasskrukke (m/f)	['glas͵krʉkə]
Dose (f)	boks (m)	['bɔks]

Flaschenöffner (m)	flaskeåpner (m)	['flaskə͵ɔpnər]
Dosenöffner (m)	konservåpner (m)	['kʉnsəv͵ɔpnər]
Korkenzieher (m)	korketrekker (m)	['kɔrkə͵trɛkər]
Filter (n)	filter (n)	['filtər]
filtern (vt)	å filtrere	[ɔ fil'trerə]

| Müll (m) | søppel (m/f/n) | ['sœpəl] |
| Mülleimer, Treteimer (m) | søppelbøtte (m/f) | ['sœpəl͵bœtə] |

72. Bad

Badezimmer (n)	bad, baderom (n)	['bad], ['badə͵rʉm]
Wasser (n)	vann (n)	['van]
Wasserhahn (m)	kran (m/f)	['kran]
Warmwasser (n)	varmt vann (n)	['varmt ͵van]
Kaltwasser (n)	kaldt vann (n)	['kalt van]

Zahnpasta (f)	tannpasta (m)	['tan͵pasta]
Zähne putzen	å pusse tennene	[ɔ 'pʉsə 'tɛnənə]
Zahnbürste (f)	tannbørste (m)	['tan͵bœʂtə]

sich rasieren	å barbere seg	[ɔ bar'berə sæj]
Rasierschaum (m)	barberskum (n)	[bar'bɛ͵skʉm]
Rasierer (m)	høvel (m)	['høvəl]

waschen (vt)	å vaske	[ɔ 'vaskə]
sich waschen	å vaske seg	[ɔ 'vaskə sæj]
Dusche (f)	dusj (m)	['dʉʂ]
sich duschen	å ta en dusj	[ɔ 'ta en 'dʉʂ]
Badewanne (f)	badekar (n)	['badə͵kar]
Klosettbecken (n)	toalettstol (m)	[tʉɑ'let͵stʉl]

Waschbecken (n)	vaskeservant (m)	['vɑskə‚sɛr'vɑnt]
Seife (f)	såpe (m/f)	['so:pə]
Seifenschale (f)	såpeskål (m/f)	['so:pə‚skɔl]

Schwamm (m)	svamp (m)	['svɑmp]
Shampoo (n)	sjampo (m)	['ʂɑm‚pʉ]
Handtuch (n)	håndkle (n)	['hɔn‚kle]
Bademantel (m)	badekåpe (m/f)	['bɑdə‚ko:pə]

Wäsche (f)	vask (m)	['vɑsk]
Waschmaschine (f)	vaskemaskin (m)	['vɑskə mɑ‚ʂin]
waschen (vt)	å vaske tøy	[ɔ 'vɑskə 'tøj]
Waschpulver (n)	vaskepulver (n)	['vɑskə‚pʉlvər]

73. Haushaltsgeräte

Fernseher (m)	TV (m), TV-apparat (n)	['tɛvɛ], ['tɛvɛ ɑpɑ'rɑt]
Tonbandgerät (n)	båndopptaker (m)	['bɔn‚ɔptɑkər]
Videorekorder (m)	video (m)	['videʉ]
Empfänger (m)	radio (m)	['rɑdiʉ]
Player (m)	spiller (m)	['spilər]

Videoprojektor (m)	videoprojektor (m)	['videʉ prɔ'jɛktɔr]
Heimkino (n)	hjemmekino (m)	['jɛmə‚çinʉ]
DVD-Player (m)	DVD-spiller (m)	[deve'de ‚spilər]
Verstärker (m)	forsterker (m)	[fo'ʂtærkər]
Spielkonsole (f)	spillkonsoll (m)	['spil kʉn'sɔl]

Videokamera (f)	videokamera (n)	['videʉ ‚kɑmerɑ]
Kamera (f)	kamera (n)	['kɑmerɑ]
Digitalkamera (f)	digitalkamera (n)	[digi'tɑl ‚kɑmerɑ]

Staubsauger (m)	støvsuger (m)	['støf‚sʉgər]
Bügeleisen (n)	strykejern (n)	['strykə‚jæ:n̩]
Bügelbrett (n)	strykebrett (n)	['strykə‚brɛt]

Telefon (n)	telefon (m)	[tele'fʉn]
Mobiltelefon (n)	mobiltelefon (m)	[mʉ'bil tele'fʉn]
Schreibmaschine (f)	skrivemaskin (m)	['skrivə mɑ‚ʂin]
Nähmaschine (f)	symaskin (m)	['si:mɑ‚ʂin]

Mikrophon (n)	mikrofon (m)	[mikrʉ'fʉn]
Kopfhörer (m)	hodetelefoner (n pl)	['hɔdətelə‚fʉnər]
Fernbedienung (f)	fjernkontroll (m)	['fjæ:n̩ kʉn'trɔl]

CD (f)	CD-rom (m)	['sɛdɛ‚rʉm]
Kassette (f)	kassett (m)	[kɑ'sɛt]
Schallplatte (f)	plate, skive (m/f)	['plɑtə], ['ʂivə]

DIE ERDE. WETTER

74. Weltall

Kosmos (m)	rommet, kosmos (n)	['rʊmə], ['kɔsmɔs]
kosmisch, Raum-	rom-	['rʊm-]
Weltraum (m)	ytre rom (n)	['ytrə ˌrʊm]
All (n)	verden (m)	['værdən]
Universum (n)	univers (n)	[ʉni'væʂ]
Galaxie (f)	galakse (m)	[gɑ'lɑksə]
Stern (m)	stjerne (m/f)	['stjæːŋə]
Gestirn (n)	stjernebilde (n)	['stjæːŋəˌbildə]
Planet (m)	planet (m)	[plɑ'net]
Satellit (m)	satellitt (m)	[sɑtɛ'lit]
Meteorit (m)	meteoritt (m)	[meteʊ'rit]
Komet (m)	komet (m)	[kʊ'met]
Asteroid (m)	asteroide (n)	[ɑsterʊ'idə]
Umlaufbahn (f)	bane (m)	['bɑnə]
sich drehen	å rotere	[ɔ rɔ'terə]
Atmosphäre (f)	atmosfære (m)	[ɑtmʊ'sfærə]
Sonne (f)	Solen	['sʊlən]
Sonnensystem (n)	solsystem (n)	['sʊl sy'stem]
Sonnenfinsternis (f)	solformørkelse (m)	['sʊl fɔr'mœrkəlsə]
Erde (f)	Jorden	['juːrən]
Mond (m)	Månen	['moːnən]
Mars (m)	Mars	['mɑʂ]
Venus (f)	Venus	['venʉs]
Jupiter (m)	Jupiter	['jʉpitər]
Saturn (m)	Saturn	['sɑˌtʉːŋ]
Merkur (m)	Merkur	[mær'kʉr]
Uran (m)	Uranus	[ʉ'rɑnʉs]
Neptun (m)	Neptun	[nɛp'tʉn]
Pluto (m)	Pluto	['plʉtʊ]
Milchstraße (f)	Melkeveien	['mɛlkəˌvæjən]
Der Große Bär	den Store Bjørn	['dən 'stʊrə ˌbjœːŋ]
Polarstern (m)	Nordstjernen, Polaris	['nʊːrˌstjæːŋən], [pɔ'laris]
Marsbewohner (m)	marsbeboer (m)	['mɑʂˌbebʊər]
Außerirdischer (m)	utenomjordisk vesen (n)	['ʉtənɔmjuːrdisk 'vesən]
außerirdisches Wesen (n)	romvesen (n)	['rʊmˌvesən]

fliegende Untertasse (f)	flygende tallerken (m)	['flygenə ta'lærkən]
Raumschiff (n)	romskip (n)	['rʊm‚ʂip]
Raumstation (f)	romstasjon (m)	['rʊm‚sta'ʂʊn]
Raketenstart (m)	start (m), oppskyting (m/f)	['sta:t], ['ɔp‚sytiŋ]
Triebwerk (n)	motor (m)	['mɔtʊr]
Düse (f)	dyse (m)	['dysə]
Treibstoff (m)	brensel (n), drivstoff (n)	['brɛnsəl], ['drif‚stɔf]
Kabine (f)	cockpit (m), flydekk (n)	['kɔkpit], ['fly‚dɛk]
Antenne (f)	antenne (m)	[an'tɛnə]
Bullauge (n)	koøye (n)	['kʊ‚øjə]
Sonnenbatterie (f)	solbatteri (n)	['sʊl batɛ'ri]
Raumanzug (m)	romdrakt (m/f)	['rʊm‚drakt]
Schwerelosigkeit (f)	vektløshet (m/f)	['vɛktløs‚het]
Sauerstoff (m)	oksygen (n)	['ɔksy'gen]
Ankopplung (f)	dokking (m/f)	['dɔkiŋ]
koppeln (vi)	å dokke	[ɔ 'dɔkə]
Observatorium (n)	observatorium (n)	[ɔbsərva'tʊrium]
Teleskop (n)	teleskop (n)	[tele'skʊp]
beobachten (vt)	å observere	[ɔ ɔbsɛr'verə]
erforschen (vt)	å utforske	[ɔ 'ʉt‚føʂkə]

75. Die Erde

Erde (f)	Jorden	['ju:rən]
Erdkugel (f)	jordklode (m)	['ju:r‚klɔdə]
Planet (m)	planet (m)	[pla'net]
Atmosphäre (f)	atmosfære (m)	[atmʊ'sfærə]
Geographie (f)	geografi (m)	[geʊgra'fi]
Natur (f)	natur (m)	[na'tʉr]
Globus (m)	globus (m)	['glɔbʉs]
Landkarte (f)	kart (n)	['ka:t]
Atlas (m)	atlas (n)	['atlas]
Europa (n)	Europa	[ɛʉ'rʊpa]
Asien (n)	Asia	['asia]
Afrika (n)	Afrika	['afrika]
Australien (n)	Australia	[aʊ'stralia]
Amerika (n)	Amerika	[a'merika]
Nordamerika (n)	Nord-Amerika	['nʊ:r a'merika]
Südamerika (n)	Sør-Amerika	['sør a'merika]
Antarktis (f)	Antarktis	[an'tarktis]
Arktis (f)	Arktis	['arktis]

76. Himmelsrichtungen

Norden (m)	nord (n)	['nuːr]
nach Norden	mot nord	[mʊt 'nuːr]
im Norden	i nord	[i 'nuːr]
nördlich	nordlig	['nuːrli]

Süden (m)	syd, sør	['syd], ['sør]
nach Süden	mot sør	[mʊt 'sør]
im Süden	i sør	[i 'sør]
südlich	sydlig, sørlig	['sydli], ['søːli]

Westen (m)	vest (m)	['vɛst]
nach Westen	mot vest	[mʊt 'vɛst]
im Westen	i vest	[i 'vɛst]
westlich, West-	vestlig, vest-	['vɛstli]

Osten (m)	øst (m)	['øst]
nach Osten	mot øst	[mʊt 'øst]
im Osten	i øst	[i 'øst]
östlich	østlig	['østli]

77. Meer. Ozean

Meer (n), See (f)	hav (n)	['hav]
Ozean (m)	verdenshav (n)	[værdəns'hav]
Golf (m)	bukt (m/f)	['bʉkt]
Meerenge (f)	sund (n)	['sʉn]

Festland (n)	fastland (n)	['fast,lan]
Kontinent (m)	fastland, kontinent (n)	['fast,lan], [kʊnti'nɛnt]
Insel (f)	øy (m/f)	['øj]
Halbinsel (f)	halvøy (m/f)	['hal,øːj]
Archipel (m)	skjærgård (m), arkipelag (n)	['şær,gɔr], [arkipe'lag]

Bucht (f)	bukt (m/f)	['bʉkt]
Hafen (m)	havn (m/f)	['havn]
Lagune (f)	lagune (m)	[la'gʉnə]
Kap (n)	nes (n), kapp (n)	['nes], ['kap]

Atoll (n)	atoll (m)	[a'tɔl]
Riff (n)	rev (n)	['rev]
Koralle (f)	korall (m)	[kʊ'ral]
Korallenriff (n)	korallrev (n)	[kʊ'ral,rɛv]

tief (Adj)	dyp	['dyp]
Tiefe (f)	dybde (m)	['dybdə]
Abgrund (m)	avgrunn (m)	['av,grʉn]
Graben (m)	dyphavsgrop (m/f)	['dyphafs,grɔp]

Strom (m)	strøm (m)	['strøm]
umspülen (vt)	å omgi	[ɔ 'ɔm,ji]
Ufer (n)	kyst (m)	['çyst]

Küste (f)	kyst (m)	['çyst]
Flut (f)	flo (m/f)	['flʊ]
Ebbe (f)	ebbe (m), fjære (m/f)	['ɛbə], ['fjærə]
Sandbank (f)	sandbanke (m)	['san͵bankə]
Boden (m)	bunn (m)	['bʉn]

Welle (f)	bølge (m)	['bølgə]
Wellenkamm (m)	bølgekam (m)	['bølgə͵kam]
Schaum (m)	skum (n)	['skʉm]

Sturm (m)	storm (m)	['stɔrm]
Orkan (m)	orkan (m)	[ɔr'kan]
Tsunami (m)	tsunami (m)	[tsʉ'nami]
Windstille (f)	stille (m/f)	['stilə]
ruhig	stille	['stilə]

| Pol (m) | pol (m) | ['pʊl] |
| Polar- | pol-, polar | ['pʊl-], [pʉ'lar] |

Breite (f)	bredde, latitude (m)	['brɛdə], ['lati͵tʉdə]
Länge (f)	lengde (m/f)	['leŋdə]
Breitenkreis (m)	breddegrad (m)	['brɛdə͵grad]
Äquator (m)	ekvator (m)	[ɛ'kvatʊr]

Himmel (m)	himmel (m)	['himəl]
Horizont (m)	horisont (m)	[hʉri'sɔnt]
Luft (f)	luft (f)	['lʉft]

Leuchtturm (m)	fyr (n)	['fyr]
tauchen (vi)	å dykke	[ɔ 'dʏkə]
versinken (vi)	å synke	[ɔ 'sʏnkə]
Schätze (pl)	skatter (m pl)	['skatər]

78. Namen der Meere und Ozeane

Atlantischer Ozean (m)	Atlanterhavet	[at'lantər͵have]
Indischer Ozean (m)	Indiahavet	['india͵have]
Pazifischer Ozean (m)	Stillehavet	['stilə͵have]
Arktischer Ozean (m)	Polhavet	['pɔl͵have]

Schwarzes Meer (n)	Svartehavet	['sva:tə͵have]
Rotes Meer (n)	Rødehavet	['rødə͵have]
Gelbes Meer (n)	Gulehavet	['gulə͵have]
Weißes Meer (n)	Kvitsjøen, Hvitehavet	['kvit͵ʂø:n], ['vit͵have]

Kaspisches Meer (n)	Kaspihavet	['kaspi͵have]
Totes Meer (n)	Dødehavet	['dødə'have]
Mittelmeer (n)	Middelhavet	['midəl͵have]

| Ägäisches Meer (n) | Egeerhavet | [ɛ'ge:ər͵have] |
| Adriatisches Meer (n) | Adriahavet | ['adria͵have] |

| Arabisches Meer (n) | Arabiahavet | [a'rabia͵have] |
| Japanisches Meer (n) | Japanhavet | ['japan͵have] |

Beringmeer (n)	Beringhavet	['berin̩ˌhavɛ]
Südchinesisches Meer (n)	Sør-Kina-havet	['sørˌçina 'havɛ]
Korallenmeer (n)	Korallhavet	[kʉ'ralˌhavɛ]
Tasmansee (f)	Tasmanhavet	[tas'manˌhavɛ]
Karibisches Meer (n)	Karibhavet	[ka'ribˌhavɛ]
Barentssee (f)	Barentshavet	['barɛnsˌhavɛ]
Karasee (f)	Karahavet	['karaˌhavɛ]
Nordsee (f)	Nordsjøen	['nuːrˌʂøːn]
Ostsee (f)	Østersjøen	['østəˌʂøːn]
Nordmeer (n)	Norskehavet	['nɔʂkəˌhavɛ]

79. Berge

Berg (m)	fjell (n)	['fjɛl]
Gebirgskette (f)	fjellkjede (m)	['fjɛlˌçɛːdə]
Bergrücken (m)	fjellrygg (m)	['fjɛlˌrʏg]
Gipfel (m)	topp (m)	['tɔp]
Spitze (f)	tind (m)	['tin]
Bergfuß (m)	fot (m)	['fʊt]
Abhang (m)	skråning (m)	['skrɔniŋ]
Vulkan (m)	vulkan (m)	[vʉl'kan]
tätiger Vulkan (m)	virksom vulkan (m)	['virksɔm vʉl'kan]
schlafender Vulkan (m)	utslukt vulkan (m)	['ʉtˌslʉkt vʉl'kan]
Ausbruch (m)	utbrudd (n)	['ʉtˌbrʉd]
Krater (m)	krater (n)	['kratər]
Magma (n)	magma (m/n)	['magma]
Lava (f)	lava (m)	['lava]
glühend heiß (-e Lava)	glødende	['glødenə]
Cañon (m)	canyon (m)	['kanjən]
Schlucht (f)	gjel (n), kløft (m)	['jel], ['klœft]
Spalte (f)	renne (m/f)	['rɛnə]
Abgrund (m) (steiler ~)	avgrunn (m)	['avˌgrʉn]
Gebirgspass (m)	pass (n)	['pas]
Plateau (n)	platå (n)	[pla'to]
Fels (m)	klippe (m)	['klipə]
Hügel (m)	ås (m)	['ɔs]
Gletscher (m)	bre, jøkel (m)	['bre], ['jøkəl]
Wasserfall (m)	foss (m)	['fɔs]
Geiser (m)	geysir (m)	['gɛjsir]
See (m)	innsjø (m)	['in'ʂø]
Ebene (f)	slette (m/f)	['ʂletə]
Landschaft (f)	landskap (n)	['lanˌskap]
Echo (n)	ekko (n)	['ɛkʉ]
Bergsteiger (m)	alpinist (m)	[alpi'nist]

Kletterer (m)	fjellklatrer (m)	['fjɛl‚klatrər]
bezwingen (vt)	å erobre	[ɔ ɛ'rʉbrə]
Aufstieg (m)	bestigning (m/f)	[be'stigniŋ]

80. Namen der Berge

Alpen (pl)	Alpene	['alpenə]
Montblanc (m)	Mont Blanc	[‚mɔn'blan]
Pyrenäen (pl)	Pyreneene	[pyre'ne:ənə]

Karpaten (pl)	Karpatene	[kar'patenə]
Uralgebirge (n)	Uralfjellene	[ʉ'ral ‚fjɛlenə]
Kaukasus (m)	Kaukasus	['kaʉkasʉs]
Elbrus (m)	Elbrus	[ɛl'brʉs]

Altai (m)	Altaj	[al'taj]
Tian Shan (m)	Tien Shan	[ti'en‚san]
Pamir (m)	Pamir	[pa'mir]
Himalaja (m)	Himalaya	[hima'laja]
Everest (m)	Everest	['ɛve'rɛst]

| Anden (pl) | Andes | ['andəs] |
| Kilimandscharo (m) | Kilimanjaro | [kiliman'dʂarʉ] |

81. Flüsse

Fluss (m)	elv (m/f)	['ɛlv]
Quelle (f)	kilde (m)	['çildə]
Flussbett (n)	elveleie (n)	['ɛlvə‚læjə]
Stromgebiet (n)	flodbasseng (n)	['flʉd ba‚seŋ]
einmünden in …	å munne ut …	[ɔ 'mʉnə ʉt …]

| Nebenfluss (m) | bielv (m/f) | ['bi‚elv] |
| Ufer (n) | bredd (m) | ['brɛd] |

Strom (m)	strøm (m)	['strøm]
stromabwärts	medstrøms	['me‚strøms]
stromaufwärts	motstrøms	['mʉt‚strøms]

Überschwemmung (f)	oversvømmelse (m)	['ovə‚svœməlsə]
Hochwasser (n)	flom (m)	['flɔm]
aus den Ufern treten	å overflø	[ɔ 'ɔvər‚flø]
überfluten (vt)	å oversvømme	[ɔ 'ɔvə‚svœmə]

| Sandbank (f) | grunne (m/f) | ['grʉnə] |
| Stromschnelle (f) | stryk (m/n) | ['stryk] |

Damm (m)	demning (m)	['dɛmniŋ]
Kanal (m)	kanal (m)	[ka'nal]
Stausee (m)	reservoar (n)	[resɛrvʉ'ar]
Schleuse (f)	sluse (m)	['ʂlʉsə]
Gewässer (n)	vannmasse (m)	['van‚masə]

Sumpf (m), Moor (n)	myr, sump (m)	['myr], ['sʉmp]
Marsch (f)	hengemyr (m)	['hɛŋeˌmyr]
Strudel (m)	virvel (m)	['virvəl]
Bach (m)	bekk (m)	['bɛk]
Trink- (z.B. Trinkwasser)	drikke-	['drikə-]
Süß- (Wasser)	fersk-	['fæʂk-]
Eis (n)	is (m)	['is]
zufrieren (vi)	å fryse til	[ɔ 'frysə til]

82. Namen der Flüsse

Seine (f)	Seine	['sɛːn]
Loire (f)	Loire	[lu'ɑːr]
Themse (f)	Themsen	['tɛmsən]
Rhein (m)	Rhinen	['riːnən]
Donau (f)	Donau	['dɔnaʊ]
Wolga (f)	Volga	['vɔlga]
Don (m)	Don	['dɔn]
Lena (f)	Lena	['lena]
Gelber Fluss (m)	Huang He	[ˌhwɑn'hɛ]
Jangtse (m)	Yangtze	['jaŋtse]
Mekong (m)	Mekong	[me'kɔŋ]
Ganges (m)	Ganges	['gɑŋes]
Nil (m)	Nilen	['nilən]
Kongo (m)	Kongo	['kɔŋgʊ]
Okavango (m)	Okavango	[ʊka'vangʊ]
Sambesi (m)	Zambezi	[sam'besi]
Limpopo (m)	Limpopo	[limpo'pɔ]
Mississippi (m)	Mississippi	['misi'sipi]

83. Wald

Wald (m)	skog (m)	['skʊg]
Wald-	skog-	['skʊg-]
Dickicht (n)	tett skog (n)	['tɛt ˌskʊg]
Gehölz (n)	lund (m)	['lʉn]
Lichtung (f)	glenne (m/f)	['glenə]
Dickicht (n)	krattskog (m)	['kratˌskʊg]
Gebüsch (n)	kratt (n)	['krat]
Fußweg (m)	sti (m)	['sti]
Erosionsrinne (f)	ravine (m)	[ra'vinə]
Baum (m)	tre (n)	['trɛ]
Blatt (n)	blad (n)	['blɑ]

Laub (n)	løv (n)	['løv]
Laubfall (m)	løvfall (n)	['løv‚fal]
fallen (Blätter)	å falle	[ɔ 'falə]
Wipfel (m)	tretopp (m)	['trɛ‚tɔp]
Zweig (m)	kvist, gren (m)	['kvist], ['gren]
Ast (m)	gren, grein (m/f)	['gren], ['græjn]
Knospe (f)	knopp (m)	['knɔp]
Nadel (f)	nål (m/f)	['nɔl]
Zapfen (m)	kongle (m/f)	['kʉŋlə]
Höhlung (f)	trehull (n)	['trɛ‚hʉl]
Nest (n)	reir (n)	['ræjr]
Höhle (f)	hule (m/f)	['hʉlə]
Stamm (m)	stamme (m)	['stamə]
Wurzel (f)	rot (m/f)	['rʊt]
Rinde (f)	bark (m)	['bark]
Moos (n)	mose (m)	['mʊsə]
entwurzeln (vt)	å rykke opp med roten	[ɔ 'rʏkə ɔp me 'rutən]
fällen (vt)	å felle	[ɔ 'fɛlə]
abholzen (vt)	å hogge ned	[ɔ 'hɔgə 'ne]
Baumstumpf (m)	stubbe (m)	['stʉbə]
Lagerfeuer (n)	bål (n)	['bɔl]
Waldbrand (m)	skogbrann (m)	['skʊg‚bran]
löschen (vt)	å slokke	[ɔ 'şløkə]
Förster (m)	skogvokter (m)	['skʊg‚vɔktər]
Schutz (m)	vern (n), beskyttelse (m)	['væːn], ['be'şytəlsə]
beschützen (vt)	å beskytte	[ɔ be'şytə]
Wilddieb (m)	tyvskytter (m)	['tyf‚şytər]
Falle (f)	saks (m/f)	['saks]
sammeln, pflücken (vt)	å plukke	[ɔ 'plʉkə]
sich verirren	å gå seg vill	[ɔ 'gɔ sæj 'vil]

84. Natürliche Lebensgrundlagen

Naturressourcen (pl)	naturressurser (m pl)	[na'tʉr rɛ'sʉşər]
Bodenschätze (pl)	mineraler (n pl)	[minə'ralər]
Vorkommen (n)	forekomster (m pl)	['fore‚kɔmstər]
Feld (Ölfeld usw.)	felt (m)	['fɛlt]
gewinnen (vt)	å utvinne	[ɔ 'ʉt‚vinə]
Gewinnung (f)	utvinning (m/f)	['ʉt‚viniŋ]
Erz (n)	malm (m)	['malm]
Bergwerk (n)	gruve (m/f)	['grʉvə]
Schacht (m)	gruvesjakt (m/f)	['grʉvə‚şakt]
Bergarbeiter (m)	gruvearbeider (m)	['grʉve'ar‚bæjdər]
Erdgas (n)	gass (m)	['gas]
Gasleitung (f)	gassledning (m)	['gas‚ledniŋ]

Erdöl (n)	olje (m)	['ɔljə]
Erdölleitung (f)	oljeledning (m)	['ɔljəˌledniŋ]
Ölquelle (f)	oljebrønn (m)	['ɔljəˌbrœn]
Bohrturm (m)	boretårn (n)	['boːrəˌtɔːn]
Tanker (m)	tankskip (n)	['tɑnkˌʂip]
Sand (m)	sand (m)	['sɑn]
Kalkstein (m)	kalkstein (m)	['kɑlkˌstæjn]
Kies (m)	grus (m)	['grʉs]
Torf (m)	torv (m/f)	['tɔrv]
Ton (m)	leir (n)	['læjr]
Kohle (f)	kull (n)	['kʉl]
Eisen (n)	jern (n)	['jæːn̩]
Gold (n)	gull (n)	['gʉl]
Silber (n)	sølv (n)	['søl]
Nickel (n)	nikkel (m)	['nikəl]
Kupfer (n)	kobber (n)	['kɔbər]
Zink (n)	sink (m/n)	['sink]
Mangan (n)	mangan (m/n)	[mɑ'ŋɑn]
Quecksilber (n)	kvikksølv (n)	['kvikˌsøl]
Blei (n)	bly (n)	['bly]
Mineral (n)	mineral (n)	[minə'rɑl]
Kristall (m)	krystall (m/n)	[kry'stɑl]
Marmor (m)	marmor (m/n)	['mɑrmʊr]
Uran (n)	uran (m/n)	[ʉ'rɑn]

85. Wetter

Wetter (n)	vær (n)	['vær]
Wetterbericht (m)	værvarsel (n)	['værˌvɑʂəl]
Temperatur (f)	temperatur (m)	[tɛmpərɑ'tʉr]
Thermometer (n)	termometer (n)	[tɛrmʊ'meter]
Barometer (n)	barometer (n)	[bɑrʉ'meter]
feucht	fuktig	['fʉkti]
Feuchtigkeit (f)	fuktighet (m)	['fʉktiˌhet]
Hitze (f)	hete (m)	['heːtə]
glutheiß	het	['het]
ist heiß	det er hett	[de ær 'het]
ist warm	det er varmt	[de ær 'vɑrmt]
warm (Adj)	varm	['vɑrm]
ist kalt	det er kaldt	[de ær 'kɑlt]
kalt (Adj)	kald	['kɑl]
Sonne (f)	sol (m/f)	['sʊl]
scheinen (vi)	å skinne	[ɔ 'ʂinə]
sonnig (Adj)	solrik	['sʊlˌrik]
aufgehen (vi)	å gå opp	[ɔ 'gɔ ɔp]
untergehen (vi)	å gå ned	[ɔ 'gɔ ne]

Wolke (f)	sky (m)	['şy]
bewölkt, wolkig	skyet	['şy:ət]
Regenwolke (f)	regnsky (m/f)	['ræjn‚şy]
trüb (-er Tag)	mørk	['mœrk]

Regen (m)	regn (n)	['ræjn]
Es regnet	det regner	[de 'ræjnər]
regnerisch (-er Tag)	regnværs-	['ræjn‚væş-]
nieseln (vi)	å småregne	[ɔ 'smo:ræjnə]

strömender Regen (m)	piskende regn (n)	['piskenə ‚ræjn]
Regenschauer (m)	styrtregn (n)	['sty:t‚ræjn]
stark (-er Regen)	kraftig, sterk	['krɑfti], ['stærk]
Pfütze (f)	vannpytt (m)	['vɑn‚pyt]
nass werden (vi)	å bli våt	[ɔ 'bli 'vɔt]

Nebel (m)	tåke (m/f)	['to:kə]
neblig (-er Tag)	tåke	['to:kə]
Schnee (m)	snø (m)	['snø]
Es schneit	det snør	[de 'snør]

86. Unwetter Naturkatastrophen

Gewitter (n)	tordenvær (n)	['turdən‚vær]
Blitz (m)	lyn (n)	['lyn]
blitzen (vi)	å glimte	[ɔ 'glimtə]

Donner (m)	torden (m)	['turdən]
donnern (vi)	å tordne	[ɔ 'turdnə]
Es donnert	det tordner	[de 'turdnər]

Hagel (m)	hagle (m/f)	['hɑglə]
Es hagelt	det hagler	[de 'hɑglər]

überfluten (vt)	å oversvømme	[ɔ 'ɔvə‚svœmə]
Überschwemmung (f)	oversvømmelse (m)	['ɔvə‚svœməlsə]

Erdbeben (n)	jordskjelv (n)	['ju:r‚şɛlv]
Erschütterung (f)	skjelv (n)	['şɛlv]
Epizentrum (n)	episenter (n)	[ɛpi'sɛntər]

Ausbruch (m)	utbrudd (n)	['ʉt‚brʉd]
Lava (f)	lava (m)	['lɑvɑ]

Wirbelsturm (m)	skypumpe (m/f)	['şy‚pʉmpə]
Tornado (m)	tornado (m)	[tʉ:'nɑdʉ]
Taifun (m)	tyfon (m)	[ty'fʉn]

Orkan (m)	orkan (m)	[ɔr'kɑn]
Sturm (m)	storm (m)	['stɔrm]
Tsunami (m)	tsunami (m)	[tsʉ'nɑmi]

Zyklon (m)	syklon (m)	[sy'klun]
Unwetter (n)	uvær (n)	['ʉ:‚vær]

Brand (m)	brann (m)	['brɑn]
Katastrophe (f)	katastrofe (m)	[kɑtɑ'strɔfə]
Meteorit (m)	meteoritt (m)	[meteʊ'rit]

Lawine (f)	lavine (m)	[lɑ'vinə]
Schneelawine (f)	snøskred, snøras (n)	['snø‚skred], ['snørɑs]
Schneegestöber (n)	snøstorm (m)	['snø‚stɔrm]
Schneesturm (m)	snøstorm (m)	['snø‚stɔrm]

FAUNA

Raubtier (n)	rovdyr (n)	['rɔvˌdyr]
Tiger (m)	tiger (m)	['tigər]
Löwe (m)	løve (m/f)	['løve]
Wolf (m)	ulv (m)	['ʉlv]
Fuchs (m)	rev (m)	['rev]
Jaguar (m)	jaguar (m)	[jagʉ'ɑr]
Leopard (m)	leopard (m)	[leʉ'pɑrd]
Gepard (m)	gepard (m)	[ge'pɑrd]
Panther (m)	panter (m)	['pɑntər]
Puma (m)	puma (m)	['pʉma]
Schneeleopard (m)	snøleopard (m)	['snø leʉ'pɑrd]
Luchs (m)	gaupe (m/f)	['gaʉpə]
Kojote (m)	coyote, prærieulv (m)	[kɔ'jotə], ['præriˌʉlv]
Schakal (m)	sjakal (m)	[ʂa'kɑl]
Hyäne (f)	hyene (m)	[hy'enə]

Tier (n)	dyr (n)	['dyr]
Bestie (f)	best, udyr (n)	['bɛst], ['ʉˌdyr]
Eichhörnchen (n)	ekorn (n)	['ɛkʉːn]
Igel (m)	pinnsvin (n)	['pinˌsvin]
Hase (m)	hare (m)	['harə]
Kaninchen (n)	kanin (m)	[ka'nin]
Dachs (m)	grevling (m)	['grɛvliŋ]
Waschbär (m)	vaskebjørn (m)	['vaskəˌbjœːn]
Hamster (m)	hamster (m)	['hɑmstər]
Murmeltier (n)	murmeldyr (n)	['mʉrməlˌdyr]
Maulwurf (m)	muldvarp (m)	['mʉlˌvɑrp]
Maus (f)	mus (m/f)	['mʉs]
Ratte (f)	rotte (m/f)	['rɔtə]
Fledermaus (f)	flaggermus (m/f)	['flɑgərˌmʉs]
Hermelin (n)	røyskatt (m)	['røjskat]
Zobel (m)	sobel (m)	['sʉbəl]
Marder (m)	mår (m)	['mɔr]
Wiesel (n)	snømus (m/f)	['snøˌmʉs]
Nerz (m)	mink (m)	['mink]

Biber (m)	bever (m)	['bevər]
Fischotter (m)	oter (m)	['ʊtər]
Pferd (n)	hest (m)	['hɛst]
Elch (m)	elg (m)	['ɛlg]
Hirsch (m)	hjort (m)	['jɔːt]
Kamel (n)	kamel (m)	[ka'mel]
Bison (m)	bison (m)	['bisɔn]
Wisent (m)	urokse (m)	['ʉrˌʊksə]
Büffel (m)	bøffel (m)	['bøfəl]
Zebra (n)	sebra (m)	['sebra]
Antilope (f)	antilope (m)	[anti'lʊpə]
Reh (n)	rådyr (n)	['rɔˌdyr]
Damhirsch (m)	dåhjort, dådyr (n)	['dɔjɔːt], ['dɔˌdyr]
Gämse (f)	gemse (m)	['gɛmsə]
Wildschwein (n)	villsvin (n)	['vilˌsvin]
Wal (m)	hval (m)	['val]
Seehund (m)	sel (m)	['sel]
Walroß (n)	hvalross (m)	['valˌrɔs]
Seebär (m)	pelssel (m)	['pɛlsˌsel]
Delfin (m)	delfin (m)	[dɛl'fin]
Bär (m)	bjørn (m)	['bjœːɳ]
Eisbär (m)	isbjørn (m)	['isˌbjœːɳ]
Panda (m)	panda (m)	['panda]
Affe (m)	ape (m/f)	['ape]
Schimpanse (m)	sjimpanse (m)	[ʂim'pansə]
Orang-Utan (m)	orangutang (m)	[ʊ'raŋgʉˌtaŋ]
Gorilla (m)	gorilla (m)	[gɔ'rila]
Makak (m)	makak (m)	[ma'kak]
Gibbon (m)	gibbon (m)	['gibʊn]
Elefant (m)	elefant (m)	[ɛle'fant]
Nashorn (n)	neshorn (n)	['nesˌhʉːɳ]
Giraffe (f)	sjiraff (m)	[ʂi'raf]
Flusspferd (n)	flodhest (m)	['flʊdˌhɛst]
Känguru (n)	kenguru (m)	['kɛŋgʉrʉ]
Koala (m)	koala (m)	[kʊ'ala]
Manguste (f)	mangust, mungo (m)	[maŋ'gʊst], ['mʉŋgu]
Chinchilla (n)	chinchilla (m)	[ʂin'ʂila]
Stinktier (n)	skunk (m)	['skunk]
Stachelschwein (n)	hulepinnsvin (n)	['hʉləˌpinnsvin]

89. Haustiere

Katze (f)	katt (m)	['kat]
Kater (m)	hannkatt (m)	['hanˌkat]
Hund (m)	hund (m)	['hʉŋ]

Pferd (n)	hest (m)	['hɛst]
Hengst (m)	hingst (m)	['hiŋst]
Stute (f)	hoppe, merr (m/f)	['hɔpə], ['mɛr]

Kuh (f)	ku (f)	['kʉ]
Stier (m)	tyr (m)	['tyr]
Ochse (m)	okse (m)	['ɔksə]

Schaf (n)	sau (m)	['sau]
Widder (m)	vær, saubukk (m)	['vær], ['sau,bʉk]
Ziege (f)	geit (m/f)	['jæjt]
Ziegenbock (m)	geitebukk (m)	['jæjtə,bʉk]

| Esel (m) | esel (n) | ['ɛsəl] |
| Maultier (n) | muldyr (n) | ['mʉl,dyr] |

Schwein (n)	svin (n)	['svin]
Ferkel (n)	gris (m)	['gris]
Kaninchen (n)	kanin (m)	[ka'nin]

| Huhn (n) | høne (m/f) | ['hønə] |
| Hahn (m) | hane (m) | ['hanə] |

Ente (f)	and (m/f)	['an]
Enterich (m)	andrik (m)	['andrik]
Gans (f)	gås (m/f)	['gɔs]

| Puter (m) | kalkunhane (m) | [kal'kʉn,hanə] |
| Pute (f) | kalkunhøne (m/f) | [kal'kʉn,hønə] |

Haustiere (pl)	husdyr (n pl)	['hʉs,dyr]
zahm	tam	['tam]
zähmen (vt)	å temme	[ɔ 'tɛmə]
züchten (vt)	å avle, å oppdrette	[ɔ 'avlə], [ɔ 'ɔp,drɛtə]

Farm (f)	farm, gård (m)	['farm], ['gɔːr]
Geflügel (n)	fjærfe (n)	['fjær,fɛ]
Vieh (n)	kveg (n)	['kvɛg]
Herde (f)	flokk, bøling (m)	['flɔk], ['bøliŋ]

Pferdestall (m)	stall (m)	['stal]
Schweinestall (m)	grisehus (n)	['grisə,hʉs]
Kuhstall (m)	kufjøs (m/n)	['kʉ,fjøs]
Kaninchenstall (m)	kaninbur (n)	[ka'nin,bʉr]
Hühnerstall (m)	hønsehus (n)	['hønsə,hʉs]

90. Vögel

Vogel (m)	fugl (m)	['fʉl]
Taube (f)	due (m/f)	['dʉə]
Spatz (m)	spurv (m)	['spʉrv]
Meise (f)	kjøttmeis (m/f)	['çœt,mæjs]
Elster (f)	skjære (m/f)	['ʂærə]
Rabe (m)	ravn (m)	['ravn]

Krähe (f)	kråke (m)	['kroːkə]
Dohle (f)	kaie (m/f)	['kɑjə]
Saatkrähe (f)	kornkråke (m/f)	['kʊːn̩ˌkroːkə]

Ente (f)	and (m/f)	['ɑn]
Gans (f)	gås (m/f)	['gɔs]
Fasan (m)	fasan (m)	[fɑ'sɑn]

Adler (m)	ørn (m/f)	['œːn̩]
Habicht (m)	hauk (m)	['hɑʊk]
Falke (m)	falk (m)	['fɑlk]
Greif (m)	gribb (m)	['grib]
Kondor (m)	kondor (m)	[kʊn'dʊr]

Schwan (m)	svane (m/f)	['svɑnə]
Kranich (m)	trane (m/f)	['trɑnə]
Storch (m)	stork (m)	['stɔrk]

Papagei (m)	papegøye (m)	[pɑpe'gøjə]
Kolibri (m)	kolibri (m)	[kʊ'libri]
Pfau (m)	påfugl (m)	['pɔˌfɵl]

Strauß (m)	struts (m)	['strɵts]
Reiher (m)	hegre (m)	['hæjrə]
Flamingo (m)	flamingo (m)	[flɑ'mingʊ]
Pelikan (m)	pelikan (m)	[peli'kɑn]

| Nachtigall (f) | nattergal (m) | ['nɑtərˌgɑl] |
| Schwalbe (f) | svale (m/f) | ['svɑlə] |

Drossel (f)	trost (m)	['trʊst]
Singdrossel (f)	måltrost (m)	['moːlˌtrʊst]
Amsel (f)	svarttrost (m)	['svɑːˌtrʊst]

Segler (m)	tårnseiler (m), tårnsvale (m/f)	['toːn̩ˌsæjlə], ['toːn̩ˌsvɑlə]
Lerche (f)	lerke (m/f)	['lærkə]
Wachtel (f)	vaktel (m)	['vɑktəl]

Specht (m)	hakkespett (m)	['hɑkəˌspɛt]
Kuckuck (m)	gjøk, gauk (m)	['jøk], ['gɑʊk]
Eule (f)	ugle (m/f)	['ɵglə]
Uhu (m)	hubro (m)	['hɵbrʊ]
Auerhahn (m)	storfugl (m)	['stʊrˌfɵl]
Birkhahn (m)	orrfugl (m)	['ɔrˌfɵl]
Rebhuhn (n)	rapphøne (m/f)	['rɑpˌhønə]

Star (m)	stær (m)	['stær]
Kanarienvogel (m)	kanarifugl (m)	[kɑ'nɑriˌfɵl]
Haselhuhn (n)	jerpe (m/f)	['jærpə]

| Buchfink (m) | bokfink (m) | ['bʊkˌfink] |
| Gimpel (m) | dompap (m) | ['dɵmpɑp] |

Möwe (f)	måke (m/f)	['moːkə]
Albatros (m)	albatross (m)	['ɑlbɑˌtrɔs]
Pinguin (m)	pingvin (m)	[piŋ'vin]

91. Fische. Meerestiere

Brachse (f)	brasme (m/f)	['brɑsmə]
Karpfen (m)	karpe (m)	['kɑrpə]
Barsch (m)	åbor (m)	['obɔr]
Wels (m)	malle (m)	['mɑlə]
Hecht (m)	gjedde (m/f)	['jɛdə]
Lachs (m)	laks (m)	['lɑks]
Stör (m)	stør (m)	['stør]
Hering (m)	sild (m/f)	['sil]
atlantische Lachs (m)	atlanterhavslaks (m)	[at'lɑntərhɑfs͵lɑks]
Makrele (f)	makrell (m)	[mɑ'krɛl]
Scholle (f)	rødspette (m/f)	['rø͵spɛtə]
Zander (m)	gjørs (m)	['jøːʂ]
Dorsch (m)	torsk (m)	['tɔʂk]
Tunfisch (m)	tunfisk (m)	['tʉn͵fisk]
Forelle (f)	ørret (m)	['øret]
Aal (m)	ål (m)	['ɔl]
Zitterrochen (m)	elektrisk rokke (m/f)	[ɛ'lektrisk ͵rɔkə]
Muräne (f)	murene (m)	[mʉ'rɛnə]
Piranha (m)	piraja (m)	[pi'rɑja]
Hai (m)	hai (m)	['hɑj]
Delfin (m)	delfin (m)	[dɛl'fin]
Wal (m)	hval (m)	['vɑl]
Krabbe (f)	krabbe (m)	['krɑbə]
Meduse (f)	manet (m/f), meduse (m)	['mɑnet], [me'dʉsə]
Krake (m)	blekksprut (m)	['blek͵sprʉt]
Seestern (m)	sjøstjerne (m/f)	['sø͵stjæːŋə]
Seeigel (m)	sjøpinnsvin (n)	['søː'pin͵svin]
Seepferdchen (n)	sjøhest (m)	['sø͵hɛst]
Auster (f)	østers (m)	['østəʂ]
Garnele (f)	reke (m/f)	['rekə]
Hummer (m)	hummer (m)	['hʉmər]
Languste (f)	langust (m)	[lɑŋ'gʉst]

92. Amphibien Reptilien

Schlange (f)	slange (m)	['ʂlɑŋə]
Gift-, giftig	giftig	['jifti]
Viper (f)	hoggorm, huggorm (m)	['hʉg͵ɔrm], ['hʉg͵ɔrm]
Kobra (f)	kobra (m)	['kʉbrɑ]
Python (m)	pyton (m)	['pytɔn]
Boa (f)	boaslange (m)	['bɔɑ͵slɑŋə]
Ringelnatter (f)	snok (m)	['snʉk]

Klapperschlange (f)	**klapperslange** (m)	['klapə‚slaŋə]
Anakonda (f)	**anakonda** (m)	[ɑnɑ'kɔndɑ]
Eidechse (f)	**øgle** (m/f)	['øglə]
Leguan (m)	**iguan** (m)	[igʉ'ɑn]
Waran (m)	**varan** (n)	[vɑ'rɑn]
Salamander (m)	**salamander** (m)	[sɑlɑ'mɑndər]
Chamäleon (n)	**kameleon** (m)	[kɑmələ'ʉn]
Skorpion (m)	**skorpion** (m)	[skɔrpi'ʉn]
Schildkröte (f)	**skilpadde** (m/f)	['ʂil‚pɑdə]
Frosch (m)	**frosk** (m)	['frɔsk]
Kröte (f)	**padde** (m/f)	['pɑdə]
Krokodil (n)	**krokodille** (m)	[krʉkə'dilə]

93. Insekten

Insekt (n)	**insekt** (n)	['insɛkt]
Schmetterling (m)	**sommerfugl** (m)	['sɔmer‚fʉl]
Ameise (f)	**maur** (m)	['mɑʉr]
Fliege (f)	**flue** (m/f)	['flʉə]
Mücke (f)	**mygg** (m)	['mʏg]
Käfer (m)	**bille** (m)	['bilə]
Wespe (f)	**veps** (m)	['vɛps]
Biene (f)	**bie** (m/f)	['biə]
Hummel (f)	**humle** (m/f)	['hʉmlə]
Bremse (f)	**brems** (m)	['brɛms]
Spinne (f)	**edderkopp** (m)	['ɛdər‚kɔp]
Spinnennetz (n)	**edderkoppnett** (n)	['ɛdərkɔp‚nɛt]
Libelle (f)	**øyenstikker** (m)	['øjən‚stikər]
Grashüpfer (m)	**gresshoppe** (m/f)	['grɛs‚hɔpə]
Schmetterling (m)	**nattsvermer** (m)	['nɑt‚sværmər]
Schabe (f)	**kakerlakk** (m)	[kɑkə'lɑk]
Zecke (f)	**flått, midd** (m)	['flɔt], ['mid]
Floh (m)	**loppe** (f)	['lɔpə]
Kriebelmücke (f)	**knott** (m)	['knɔt]
Heuschrecke (f)	**vandgresshoppe** (m/f)	['vɑn 'grɛs‚hɔpə]
Schnecke (f)	**snegl** (m)	['snæjl]
Heimchen (n)	**siriss** (m)	['si‚ris]
Leuchtkäfer (m)	**ildflue** (m/f), **lysbille** (m)	['il‚flʉə], ['lys‚bilə]
Marienkäfer (m)	**marihøne** (m/f)	['mɑri‚hønə]
Maikäfer (m)	**oldenborre** (f)	['ɔldən‚bɔrə]
Blutegel (m)	**igle** (m/f)	['iglə]
Raupe (f)	**sommerfugllarve** (m/f)	['sɔmərfʉl‚lɑrvə]
Wurm (m)	**meitemark** (m)	['mæjtə‚mɑrk]
Larve (f)	**larve** (m/f)	['lɑrvə]

FLORA

Baum (m)	**tre** (n)	['trɛ]
Laub-	**løv-**	['løv-]
Nadel-	**bar-**	['bɑr-]
immergrün	**eviggrønt**	['ɛvi‚grœnt]
Apfelbaum (m)	**epletre** (n)	['ɛplə‚trɛ]
Birnbaum (m)	**pæretre** (n)	['pærə‚trɛ]
Süßkirschbaum (m)	**morelltre** (n)	[mʉ'rɛl‚trɛ]
Sauerkirschbaum (m)	**kirsebærtre** (n)	['çiṣəbær‚trɛ]
Pflaumenbaum (m)	**plommetre** (n)	['plʊmə‚trɛ]
Birke (f)	**bjørk** (f)	['bjœrk]
Eiche (f)	**eik** (f)	['æjk]
Linde (f)	**lind** (m/f)	['lin]
Espe (m/f)	**osp** (m/f)	['ɔsp]
Ahorn (m)	**lønn** (m/f)	['lœn]
Fichte (f)	**gran** (m/f)	['grɑn]
Kiefer (f)	**furu** (m/f)	['fʉrʉ]
Lärche (f)	**lerk** (m)	['lærk]
Tanne (f)	**edelgran** (m/f)	['ɛdəl‚grɑn]
Zeder (f)	**seder** (m)	['sedər]
Pappel (f)	**poppel** (m)	['pɔpəl]
Vogelbeerbaum (m)	**rogn** (m/f)	['rɔŋn]
Weide (f)	**pil** (m/f)	['pil]
Erle (f)	**or, older** (m/f)	['ʊr], ['ɔldər]
Buche (f)	**bøk** (m)	['bøk]
Ulme (f)	**alm** (m)	['ɑlm]
Esche (f)	**ask** (m/f)	['ɑsk]
Kastanie (f)	**kastanjetre** (n)	[kɑ'stɑnje‚trɛ]
Magnolie (f)	**magnolia** (m)	[mɑŋ'nʉliɑ]
Palme (f)	**palme** (m)	['pɑlmə]
Zypresse (f)	**sypress** (m)	[sʏ'prɛs]
Mangrovenbaum (m)	**mangrove** (m)	[mɑŋ'grʊvə]
Baobab (m)	**apebrødtre** (n)	['ɑpebrø‚trɛ]
Eukalyptus (m)	**eukalyptus** (m)	[ɛvkɑ'lyptʉs]
Mammutbaum (m)	**sequoia** (m)	['sek‚vɔjɑ]

Strauch (m)	**busk** (m)	['bʉsk]
Gebüsch (n)	**busk** (m)	['bʉsk]

Weinstock (m)	**vinranke** (m)	['vin‚rankə]
Weinberg (m)	**vinmark** (m/f)	['vin‚mɑrk]
Himbeerstrauch (m)	**bringebærbusk** (m)	['briŋə‚bær busk]
schwarze Johannisbeere (f)	**solbærbusk** (m)	['sulbær‚busk]
rote Johannisbeere (f)	**ripsbusk** (m)	['rips‚busk]
Stachelbeerstrauch (m)	**stikkelsbærbusk** (m)	['stikəlsbær‚busk]
Akazie (f)	**akasie** (m)	[ɑ'kɑsiə]
Berberitze (f)	**berberis** (m)	['bærberis]
Jasmin (m)	**sjasmin** (m)	[ʂɑs'min]
Wacholder (m)	**einer** (m)	['æjnər]
Rosenstrauch (m)	**rosenbusk** (m)	['rusən‚busk]
Heckenrose (f)	**steinnype** (m/f)	['stæjn‚nypə]

96. Obst. Beeren

Frucht (f)	**frukt** (m/f)	['frukt]
Früchte (pl)	**frukter** (m/f pl)	['fruktər]
Apfel (m)	**eple** (n)	['ɛplə]
Birne (f)	**pære** (m/f)	['pærə]
Pflaume (f)	**plomme** (m/f)	['plumə]
Erdbeere (f)	**jordbær** (n)	['ju:r‚bær]
Sauerkirsche (f)	**kirsebær** (n)	['çiʂə‚bær]
Süßkirsche (f)	**morell** (m)	[mu'rɛl]
Weintrauben (pl)	**drue** (m)	['druə]
Himbeere (f)	**bringebær** (n)	['briŋə‚bær]
schwarze Johannisbeere (f)	**solbær** (n)	['sul‚bær]
rote Johannisbeere (f)	**rips** (m)	['rips]
Stachelbeere (f)	**stikkelsbær** (n)	['stikəls‚bær]
Moosbeere (f)	**tranebær** (n)	['trɑnə‚bær]
Apfelsine (f)	**appelsin** (m)	[apel'sin]
Mandarine (f)	**mandarin** (m)	[mɑndɑ'rin]
Ananas (f)	**ananas** (m)	['ɑnɑnɑs]
Banane (f)	**banan** (m)	[bɑ'nɑn]
Dattel (f)	**daddel** (m)	['dɑdəl]
Zitrone (f)	**sitron** (m)	[si'trun]
Aprikose (f)	**aprikos** (m)	[apri'kus]
Pfirsich (m)	**fersken** (m)	['fæʂkən]
Kiwi (f)	**kiwi** (m)	['kivi]
Grapefruit (f)	**grapefrukt** (m/f)	['grɛjp‚frukt]
Beere (f)	**bær** (n)	['bær]
Beeren (pl)	**bær** (n pl)	['bær]
Preiselbeere (f)	**tyttebær** (n)	['tʏtə‚bær]
Walderdbeere (f)	**markjordbær** (n)	['mɑrk ju:r‚bær]
Heidelbeere (f)	**blåbær** (n)	['blo‚bær]

97. Blumen. Pflanzen

Blume (f)	blomst (m)	['blɔmst]
Blumenstrauß (m)	bukett (m)	[bʉ'kɛt]
Rose (f)	rose (m/f)	['rʉsə]
Tulpe (f)	tulipan (m)	[tʉli'pɑn]
Nelke (f)	nellik (m)	['nɛlik]
Gladiole (f)	gladiolus (m)	[glɑdi'ɔlʉs]
Kornblume (f)	kornblomst (m)	['kuːɳˌblɔmst]
Glockenblume (f)	blåklokke (m/f)	['blɔˌklɔkə]
Löwenzahn (m)	løvetann (m/f)	['løvəˌtɑn]
Kamille (f)	kamille (m)	[kɑ'milə]
Aloe (f)	aloe (m)	['ɑlʉe]
Kaktus (m)	kaktus (m)	['kɑktʉs]
Gummibaum (m)	gummiplante (m/f)	['gʉmiˌplɑntə]
Lilie (f)	lilje (m)	['liljə]
Geranie (f)	geranium (m)	[ge'rɑnium]
Hyazinthe (f)	hyasint (m)	[hiɑ'sint]
Mimose (f)	mimose (m/f)	[mi'mɔsə]
Narzisse (f)	narsiss (m)	[nɑ'ʂis]
Kapuzinerkresse (f)	blomkarse (m)	['blɔmˌkɑʂə]
Orchidee (f)	orkidé (m)	[ɔrki'de]
Pfingstrose (f)	peon, pion (m)	[pe'ʊn], [pi'ʊn]
Veilchen (n)	fiol (m)	[fi'ʊl]
Stiefmütterchen (n)	stemorsblomst (m)	['stemʉʂˌblɔmst]
Vergissmeinnicht (n)	forglemmegei (m)	[fɔr'gleməˌjæj]
Gänseblümchen (n)	tusenfryd (m)	['tʉsənˌfryd]
Mohn (m)	valmue (m)	['vɑlmʉe]
Hanf (m)	hamp (m)	['hɑmp]
Minze (f)	mynte (m/f)	['mʏntə]
Maiglöckchen (n)	liljekonvall (m)	['liljə kɔn'vɑl]
Schneeglöckchen (n)	snøklokke (m/f)	['snøˌklɔkə]
Brennnessel (f)	nesle (m/f)	['nɛslə]
Sauerampfer (m)	syre (m/f)	['syrə]
Seerose (f)	nøkkerose (m/f)	['nøkəˌrʉse]
Farn (m)	bregne (m/f)	['brɛjnə]
Flechte (f)	lav (m/n)	['lɑv]
Gewächshaus (n)	drivhus (n)	['drivˌhʉs]
Rasen (m)	gressplen (m)	['grɛsˌplen]
Blumenbeet (n)	blomsterbed (n)	['blɔmstərˌbed]
Pflanze (f)	plante (m/f), vekst (m)	['plɑntə], ['vɛkst]
Gras (n)	gras (n)	['grɑs]
Grashalm (m)	grasstrå (n)	['grɑsˌstrɔ]

Blatt (n)	blad (n)	['blɑ]
Blütenblatt (n)	kronblad (n)	['krɔnˌblɑ]
Stiel (m)	stilk (m)	['stilk]
Knolle (f)	rotknoll (m)	['rʉtˌknɔl]

| Jungpflanze (f) | spire (m/f) | ['spirə] |
| Dorn (m) | torn (m) | ['tʉːɳ] |

blühen (vi)	å blomstre	[ɔ 'blɔmstrə]
welken (vi)	å visne	[ɔ 'visnə]
Geruch (m)	lukt (m/f)	['lʉkt]
abschneiden (vt)	å skjære av	[ɔ 'ʂæːrə ɑː]
pflücken (vt)	å plukke	[ɔ 'plʉkə]

98. Getreide, Körner

Getreide (n)	korn (n)	['kʉːɳ]
Getreidepflanzen (pl)	cerealer (n pl)	[sere'ɑlər]
Ähre (f)	aks (n)	['ɑks]

Weizen (m)	hvete (m)	['vetə]
Roggen (m)	rug (m)	['rʉg]
Hafer (m)	havre (m)	['hɑvrə]
Hirse (f)	hirse (m)	['hiʂə]
Gerste (f)	bygg (m/n)	['bʏg]

Mais (m)	mais (m)	['mɑis]
Reis (m)	ris (m)	['ris]
Buchweizen (m)	bokhvete (m)	['bʉkˌvetə]

Erbse (f)	ert (m/f)	['æːt]
weiße Bohne (f)	bønne (m/f)	['bœnə]
Sojabohne (f)	soya (m)	['sɔja]
Linse (f)	linse (m/f)	['linsə]
Bohnen (pl)	bønner (m/f pl)	['bœnər]

LÄNDER DER WELT

99. Länder. Teil 1

Afghanistan	**Afghanistan**	[afˈɡaniˌstan]
Ägypten	**Egypt**	[ɛˈɡypt]
Albanien	**Albania**	[alˈbania]
Argentinien	**Argentina**	[arɡɛnˈtina]
Armenien	**Armenia**	[arˈmenia]
Aserbaidschan	**Aserbajdsjan**	[aserbajdˈʂan]
Australien	**Australia**	[aʊˈstralia]
Bangladesch	**Bangladesh**	[banɡlaˈdɛʂ]
Belgien	**Belgia**	[ˈbɛlɡia]
Bolivien	**Bolivia**	[bɔˈlivia]
Bosnien und Herzegowina	**Bosnia-Hercegovina**	[ˈbɔsnia herseɡɔˌvina]
Brasilien	**Brasilia**	[braˈsilia]
Bulgarien	**Bulgaria**	[bʉlˈɡaria]
Chile	**Chile**	[ˈtʂilə]
China	**Kina**	[ˈçina]
Dänemark	**Danmark**	[ˈdanmark]
Deutschland	**Tyskland**	[ˈtʏsklan]
Die Bahamas	**Bahamas**	[baˈhamas]
Die Vereinigten Staaten	**Amerikas Forente Stater**	[aˈmerikas fɔˈrɛntə ˈstatər]
Dominikanische Republik	**Dominikanske Republikken**	[dʉminiˈkanskə repʉˈblikən]
Ecuador	**Ecuador**	[ɛkʉaˈdɔr]
England	**England**	[ˈɛŋlan]
Estland	**Estland**	[ˈɛstlan]
Finnland	**Finland**	[ˈfinlan]
Frankreich	**Frankrike**	[ˈfrankrikə]
Französisch-Polynesien	**Fransk Polynesia**	[ˈfransk pɔlyˈnesia]
Georgien	**Georgia**	[ɡeˈɔrɡia]
Ghana	**Ghana**	[ˈɡana]
Griechenland	**Hellas**	[ˈhɛlas]
Großbritannien	**Storbritannia**	[ˈstʉr briˌtania]
Haiti	**Haiti**	[haˈiti]
Indien	**India**	[ˈindia]
Indonesien	**Indonesia**	[indʉˈnesia]
Irak	**Irak**	[ˈirak]
Iran	**Iran**	[ˈiran]
Irland	**Irland**	[ˈirlan]
Island	**Island**	[ˈislan]
Israel	**Israel**	[ˈisraəl]
Italien	**Italia**	[iˈtalia]

100. Länder. Teil 2

Jamaika	Jamaica	[ṣɑ'mɑjkɑ]
Japan	Japan	['jɑpɑn]
Jordanien	Jordan	['jɔrdɑn]
Kambodscha	Kambodsja	[kɑm'bɔdṣɑ]
Kanada	Canada	['kɑnɑdɑ]
Kasachstan	Kasakhstan	[kɑ'sɑk‚stɑn]
Kenia	Kenya	['kenyɑ]
Kirgisien	Kirgisistan	[kir'gisi‚stɑn]
Kolumbien	Colombia	[kɔ'lʊmbiɑ]
Kroatien	Kroatia	[krʊ'ɑtiɑ]
Kuba	Cuba	['kʉbɑ]
Kuwait	Kuwait	['kʉvɑjt]
Laos	Laos	['lɑɔs]
Lettland	Latvia	['lɑtviɑ]
Libanon (m)	Libanon	['libɑnɔn]
Libyen	Libya	['libiɑ]
Liechtenstein	Liechtenstein	['lihtɛnṣtæjn]
Litauen	Litauen	['li‚tɑʊən]
Luxemburg	Luxembourg	['lʉksɛm‚bʉrg]
Madagaskar	Madagaskar	[mɑdɑ'gɑskɑr]
Makedonien	Makedonia	[mɑke'dɔniɑ]
Malaysia	Malaysia	[mɑ'lɑjsiɑ]
Malta	Malta	['mɑltɑ]
Marokko	Marokko	[mɑ'rɔkʊ]
Mexiko	Mexico	['mɛksikʊ]
Moldawien	Moldova	[mɔl'dɔvɑ]
Monaco	Monaco	[mʊ'nɑkʊ]
Mongolei (f)	Mongolia	[mʊŋ'guliɑ]
Montenegro	Montenegro	['mɔntə‚negrʊ]
Myanmar	Myanmar	['mjænmɑ]
Namibia	Namibia	[nɑ'mibiɑ]
Nepal	Nepal	['nepɑl]
Neuseeland	New Zealand	[njʉ'selɑn]
Niederlande (f)	Nederland	['nedə‚lɑn]
Nordkorea	Nord-Korea	['nʊːr kʊ'rɛɑ]
Norwegen	Norge	['nɔrgə]
Österreich	Østerrike	['østə‚rikə]

101. Länder. Teil 3

Pakistan	Pakistan	['pɑki‚stɑn]
Palästina	Palestina	[pɑle'stinɑ]
Panama	Panama	['pɑnɑmɑ]
Paraguay	Paraguay	[pɑrɑg'wɑj]
Peru	Peru	[pe'ruː]
Polen	Polen	['pʊlen]
Portugal	Portugal	[pɔː‚ʈʉ'gɑl]

Republik Südafrika	**Republikken Sør-Afrika**	[repu'bliken 'sør,afrika]
Rumänien	**Romania**	[rʊ'mania]
Russland	**Russland**	['rʉslɑn]
Sansibar	**Zanzibar**	['sɑnsibɑr]
Saudi-Arabien	**Saudi-Arabia**	['saʊdi ɑ'rɑbiɑ]
Schottland	**Skottland**	['skɔtlɑn]
Schweden	**Sverige**	['sværiə]
Schweiz (f)	**Sveits**	['svæjts]
Senegal	**Senegal**	[sene'gɑl]
Serbien	**Serbia**	['særbiɑ]
Slowakei (f)	**Slovakia**	[ʂlʊ'vɑkiɑ]
Slowenien	**Slovenia**	[ʂlʊ'veniɑ]
Spanien	**Spania**	['spɑniɑ]
Südkorea	**Sør-Korea**	['sør kʊ,reɑ]
Suriname	**Surinam**	['sʉri,nɑm]
Syrien	**Syria**	['syriɑ]
Tadschikistan	**Tadsjikistan**	[tɑ'dʂiki,stɑn]
Taiwan	**Taiwan**	['tɑj,vɑn]
Tansania	**Tanzania**	['tɑnsɑ,niɑ]
Tasmanien	**Tasmania**	[tɑs'mɑniɑ]
Thailand	**Thailand**	['tɑjlɑn]
Tschechien	**Tsjekkia**	['tʂɛkijɑ]
Tunesien	**Tunisia**	['tʉ'nisiɑ]
Türkei (f)	**Tyrkia**	[tyrkiɑ]
Turkmenistan	**Turkmenistan**	[tʉrk'meni,stɑn]
Ukraine (f)	**Ukraina**	[ʉkrɑ'inɑ]
Ungarn	**Ungarn**	['ʉŋɑ:ŋ]
Uruguay	**Uruguay**	[ʉrygʊ'ɑj]
Usbekistan	**Usbekistan**	[ʉs'beki,stɑn]
Vatikan (m)	**Vatikanet**	['vɑti,kɑne]
Venezuela	**Venezuela**	[venesʉ'ɛlɑ]
Vereinigten Arabischen Emirate	**Forente Arabiske Emiratene**	[fɔ'rentə ɑ'rɑbiskə ɛmi'rɑtenə]
Vietnam	**Vietnam**	['vjɛtnɑm]
Weißrussland	**Hviterussland**	['vitə,rʉslɑn]
Zypern	**Kypros**	['kyprʊs]